Christina Brudereck

Für alles gibt es eine Zeit

Rituale für Tag, Jahr und Leben

SCM

Für Dich, liebe treue Miri –
weil es fast schon ein Ritual ist, wie wir gemeinsam Bücher schaffen.
Weil Sisterhood mit Dir mir geholfen hat,
in den Ritualen unserer Erzählgemeinschaft zu Hause sein zu können.
Weil wir alte Rituale erobern, neue aufspüren
und sie gemeinsam feiern in Freiheit.

Inhalt

PAUSE

Sinn der Übungen

Ein Schüler fragte seinen Meister:
„Kann ich irgendwas tun,
um die Erleuchtung zu erlangen?“
Und der Meister antwortet:
„So wenig,
wie du dafür tun kannst,
dass am Morgen die Sonne aufgeht.“
Da fragte der Schüler weiter:
„Was für einen Sinn
haben dann die spirituellen Übungen,
die du lehrst?“
Und der Meister sagte:
„Du übst,
damit du nicht schläfst,
wenn die Sonne aufgeht.“

Wieder-Holen

Das Ritual wiederholt die Geschichte.
Ihr Geheimnis und ihre Weisheit.
Holt für uns wieder, was weit vor uns erlebt wurde.
Holt für uns wieder, was geschehen ist.
Holt für uns wieder, was überliefert wurde.
Und so lässt uns das Ritual die Geschichte selbst erleben.

Kleiner Grundsatz: Rhythmus

Die Jahreszeiten wie das Kirchenjahr
geben meinem Leben den Rhythmus.

Die Ruhe vor dem Sturm

Es gibt diese Momente.
Frühmorgens. Manchmal abends.
Vor einem Wetterumschwung.
Nach einer wichtigen Begegnung.
Das Herz scheint stillzustehen.
Die Schöpfung hält inne.
Eine Ruhe, so besonders,
dass wir aus Angst, sie könnte gehen, die Luft anhalten.
Die Ruhe vor dem Sturm.
Die Stimmen des Lebens schweigen.
Als würden wir innerlich vorbereitet.

Es gab diese Momente.
Vor der Erschaffung der Welt.
Und vor dem Empfang der Gebote am Sinai.
So erzählt mir eine Freundin aus ihrer jüdischen Tradition:
Da zwitscherte kein Vogel,
meckerte keine Ziege,
brüllte kein Ochse,
flog kein Engel, sang kein Seraph „Heilig!“.
Das Meer bewegte keine Welle,
die Menschen machten kein einziges Geräusch.
Die Welt war still.
Und der Ewige sagte: „Ich bin unendlich, euer Gott.“

Es gibt diese Momente.
Aus einer anderen Zeit. Einer anderen Welt.
Zwischenzeiten, erfüllt mit Möglichkeit.
Leere, die schon weiß, dass sie gefüllt wird.
Erwartung, die beschenkt wird.
Vorfreude, Hoffnung, leise Ahnung.
Einstimmung auf das Neue, das Wunder.

Schweigen – nur 5 Minuten

Zieh dich zurück ins Schweigen.
Es ist erstaunlich, was nur fünf bewusste Minuten
in Gegenwart der Gnade bewirken können.
Nur fünf Minuten. Irgendwann im Laufe des Tages.
Zu Beginn am Morgen, am Abend oder mittendrin.
Fünf Minuten, die einen Unterschied machen.
Konzentration. Raum. Stille. Für dich.
Zeit, in der du dein Herz schlagen hörst.
Auf deinen Atem achtest.
Fünf Minuten, die dich erinnern:
Du bist geliebt – einfach, weil du da bist.
Du bist genug. Ein Schatz.
Du bist wunderbar geborgen von guten Mächten.
Umgeben von Güte.
Einer Atmosphäre der Liebe.
Fünf Minuten, in denen wir nichts für andere tun, sondern für uns sind.
Es ist wie ein feiner Urlaub für die Seele, der neue Energie verleiht.
Verheißungsvolle Pause.
Schöpfung, die weitergeht.
Ein gesegneter Augenblick.
Die Seele ist in Erwartung.
Sie bekommt Lust auf die Zukunft.

SONNTAG

Der siebte Tag ist anders

Unermüdlich feiert der Rhythmus der Woche Fülle und Vollendung.
Offenbart Gottes Güte.
Ja, in Folge, Gleichmaß und Ordnung zeigt sich etwas Größeres:
Gottes Wissen um unsere Bedürfnisse.
Nicht geheim, sondern verständlich.
Denn wir wissen, wann etwas komplett ist.
Die Zehn-Tage-Woche funktioniert nicht für Familie Mensch.
Shabbat ist göttliche Zuwendung.
Letztes Siebtel, das die gezählte Zeit vollendet.
Es soll Pause sein.
Es gibt einen Tag, der uns unterbricht.
Der dem Alltag ausweicht.
Der uns hilft, zu unterscheiden.
Sieben Stufen und sieben Portale hatte der Tempel in Jerusalem.
Der siebenarmige Leuchter zeigt göttliche Vollkommenheit.
Sieben Tage lang dauern die Feste, Fasten- und Trauerzeit.
Den siebenmal sieben Jahren folgt nach dem 49. Jahr das Jubeljahr,
in dem die Schulden erlassen werden.
Ein Neuanfang muss möglich sein.
Der siebte Tag ist anders. Er ist heilig.
Ein Geschenk. Ein Segen für uns.
Unermüdlich, Woche für Woche feiert die Zeit Fülle und Vollendung.

DEZEMBER

ADVENT

Adventszeit

Es ist Advent. Bald Weihnachten.
Wir erwarten.
Besuch. Eine Geburt. Gott. Ein Kind.
Den Messias des Friedens.
Wir bereiten uns vor.
Wir fasten.
Damit das Festessen uns so richtig schmeckt.
Die Vorfreude wächst mit jedem Tag.
Wir räumen auf.
Putzen und schmücken die Zimmer.
Es ist die Zeit der Vorbereitung.
Das große Fest wird bald kommen.
Wir kommen in Feierstimmung.
Besorgen Geschenke.
Wollen unsere Liebsten überraschen.
Etwas zurückgeben. Freude machen.
Mit Maria sind wir guter Hoffnung.
Wollen die Liebe empfangen.
Gott in unserem Leben willkommen heißen.
In unseren Gedanken und Empfindungen begrüßen.
Wir räumen dem Frieden Platz ein.

Erinnern uns an Gottes Zukunft.
An das, was noch kommt, was noch aussteht.
Wir warten auf den Messias und auf seine neue Welt.
Er wird als König beschrieben, als Morgenstern, als Rose, Friedefürst und Licht.
Wir zünden Kerzen an.
Wir schreiben Wunschzettel auf wie Gebete.
Wir schweigen. Bald werden wir laut singen.
Wir ziehen uns zurück. Bald bekommen wir Gäste.
Wir wählen Kleider für die Festtage aus.
Suchen Lieder aus und was wir kochen wollen.
Stellen die Gästeliste zusammen.
Wir stehen auf der Schwelle.
Wir kommen dem Fest näher.
Immer mehr Krippenfiguren werden aufgestellt.
Versammeln sich um den Stall. Bis ganz zuletzt alle da sind.
Nur die leere Krippe erzählt davon, dass der Schatz noch aussteht.
Unser Herz stimmt sich ein auf Gott.
Es ist Advent. Bald Weihnachten. Wir erwarten Besuch.

Messias

**Mögen wir jeden Menschen
willkommen heißen wie den Messias.**

Die Adventskranz-Kerzen anzünden

Es ist die Zeit der Kerzen.
In meinem Elternhaus wurde am Heiligen Abend immer zuerst gesungen:
„Weiche vor den Weihnachtskerzen, dunkle Nacht!"
Das Lied war vererbt worden über viele, viele Jahre.
Diese Aufforderung „Weiche!" wurde im Kriege gesungen und im Wohlstand,
in den Jahren mit Geburten und in den Jahren mit Abschied und Tod.
Der dunklen Nacht war der Widerstand angesagt.
Ein Mittel gegen die Dunkelheit war gefunden:
das Licht der Weihnachtskerzen.

Es ist die Zeit der Kerzen.
Sie sind unser Protest gegen die Dunkelheit.
Licht für eine Welt, die oft finster ist, kalt, bedrohlich und einsam.
Für eine Zeit, die das Licht so dringend braucht.
Licht, das auch die schattigen Winkel unserer Herzen erreicht.

Es ist die Zeit der Kerzen.
Jeden Sonntag wird eine Kerze mehr angezündet auf dem Kranz.
So wird es mit jeder Woche etwas heller.
Alle vier Kerzen auf einmal anzuzünden – wäre eine andere Erfahrung.
Nur allmählich nähern wir uns.
Seit meiner Kindheit kenne ich diese Tradition.
Und es ist wohl kein Zufall, wenn wir im Advent,
zur Geburt des Jesuskindes, an unsere eigene Kindheit denken.
Es ist Teil der Schönheit dieses Festes:
auch als Erwachsene wieder klein sein zu dürfen, erwartungsvoll und staunend.

WEIHNACHTEN

Heiliger Moment am Heiligabend

Seit vielen Jahren schon ist mein Heiligabend voll.
Mit Menschen, Aufgaben, Gottesdienst, Kochen, Geschenke-Einpacken.
Aber immer nehme ich mir mittendrin fünf Minuten Zeit.
Dann lege ich das Jesuskind in die Krippe zu den anderen Krippenfiguren.
Ein heiliger Moment für mich. Eine kleine, ganz besondere Unterbrechung.
An seinem Geburtstag singe ich wie für alle Kinder:
„Wie schön, dass du geboren bist, ich hätte dich sonst sehr vermisst."
Und: „Du strahlst ja selber wie der Sonnenschein."
Und: „Wie schön, dass wir beisammen sind, ich gratuliere dir, Geburtstagskind."

Leihen

Die Sprachlose leiht sich ein Gedicht.
Die Müde ein Lied.
Die Vergessliche eine Geschichte.
Die Verunsicherte eine Geste.
Die Trauernde einen Vers.
Die Zweifelnde leiht sich ein Ritual.
Jede reiht sich ein in die lange Geschichte.
Die vor ihr begann und nach ihr weitergeht.
Die wahr wird für sie in diesem Moment.

ZWISCHEN DEN JAHREN

Die zwölf Raunächte

Die Zeit nach Weihnachten bis Epiphanias ist eine Zwischenzeit.
Zwölf Tage und zwölf Nächte, mit denen das alte Jahr vollendet wird.
Es ist Zeit für den Rückblick auf das, was war.
Die Höhepunkte, die Tiefpunkte. Gewinn und Verlust.
Schöne Geschenke. Überraschungen.
Intensive Begegnungen. Inspirierende Gespräche.
Die Autopanne. Der unangekündigte Gast.
Es ist die Zeit der Erinnerungen.
An die Tische, an denen wir gegessen haben.
Die Betten, in denen wir geschlafen haben.
Die Orte, an denen wir zu Gast waren.
Die Menschen, die uns begleitet haben.
Alle Rechnungen werden bezahlt.
Geliehene Dinge zurückgegeben.
Unerfüllte Wünsche werden gewürdigt.
Entschuldigungen ausgesprochen, wenn möglich, Versöhnung zugelassen.
Nach den opulenten Feiertagen wird der Kühlschrank geleert.
Reste werden verkocht oder eingefroren.
Die Schuhe werden geputzt.
Die Feierkleider zurück in den Schrank gehängt.
In der Sauna oder der Badewanne waschen wir den letzten Dreck von uns ab.
Auf langen Spaziergängen erlauben wir der Seele, das Jahr zu verabschieden.
Es ist die Zeit, um uns bei Gott zu danken.
Für unsere Lieben. Für Segnungen und Bewahrung.
Es ist die Zeit, um noch mehr als sonst auf unsere Träume zu achten.
Sich am Morgen zu erzählen, was nachts geordnet wurde.
Und die Ahnung des Neuen aufzuspüren.

Die Zeit nach Weihnachten bis Epiphanias ist eine Zwischenzeit.
Zwölf Tage und zwölf Nächte, die früher Rauchnächte waren.
Heilpflanzen und Harze wurden in Räucherschalen verräuchert und in jeden Winkel getragen.
Salbei, Wacholder, Myrrhe, Beifuß, Thymian, Lavendel, Mistel und Fichtenharz,
in kostbarer Mischung.
Häuser, Menschen und Tiere sollten geschützt werden,
Böses, Schlechtes, Unangenehmes vertrieben.
Ein alter Brauch, der noch wusste, dass es gut ist, unsere Lebensräume zu desinfizieren.
Unsere Seele aufzuräumen. Zu bereuen und loszulassen.
Und dem Neuen zu erlauben, zu uns zu kommen.

In der Mitte, auf der Schwelle werden Altjahrsabend und Neujahrsmorgen gefeiert.
Achtsam. Bewusst. Feierlich. Alleine, zu zweit oder mit vielen.
Je nachdem wie es dem alten und neuen Jahr gegenüber angemessen erscheint.

Die Zeit nach Weihnachten bis Epiphanias ist eine Zwischenzeit.
Zwölf Tage und zwölf Nächte, mit denen das neue Jahr begrüßt wird.
Erste Vorbereitungen werden getroffen.
Es ist Zeit zum Pläneschmieden. Zeit der Vorfreude.
Auf den Urlaub. Auf ein besonderes Fest.
Es ist die Zeit, unsere Vorhaben mit anderen zu teilen.
Orte, die wir aufsuchen werden. Pausen, die wir einplanen.
Dinge, die wir anschaffen und uns gönnen wollen.
Es ist auch Zeit, um Sorgen und Befürchtungen auszusprechen.
Es ist die Zeit, Gott um Segen zu bitten.
Für die Kinder. Die Alten. Die Kranken. Die Besonderen. Für uns selbst.
So rutschen wir nicht, sondern gehen bewusst aus dem Alten ins Neue.

NEUJAHR

Gebet zum Jahresbeginn

Ewiger, aus überströmender Liebe
hast du die Welt geschaffen.
Mit jedem Jahresbeginn feiern wir
den Neuanfang, die Hoffnung
und unser Vertrauen in das Leben.
Aus Liebe hast du auch dieses Jahr geschaffen.
Wir bergen uns mit unserer Zeit
unter deinen ewigen Flügeln.

Befreie uns von dem,
was wir dir und einander
schuldig geblieben sind,
und von allen Versprechen,
die wir gegeben und nicht gehalten haben.
Zerreiße alle ungünstigen Urteile.
Wo wir unserer Verantwortung
nicht gerecht wurden,
da schaffe du selbst Gerechtigkeit.

Beschenke uns mit neuer Zeit,
mit Kraft aus der Ewigkeit,
mit Frieden, der unser Herz behütet,
mit Freude, die uns weiterträgt.
Lass dein Angesicht über uns leuchten
und sei uns gnädig.
Wir beten um ein mit Segen gefülltes Jahr. Amen.

MORGEN

Die Begrüssung des neuen Tages

Ich stelle mich ans Fenster.
Verneige mich vor dem Himmel.
Namaste. Guten Morgen!
Ich lasse mir von Gott sagen: „Schön, dass du da bist."
Lasse mir das Willkommen gefallen.
Ich mache mir bewusst:
Dies ist unsere Zeit, dieser Tag, der jetzt vor uns liegt.
Ich bin nicht alleine.
Der Himmel begleitet mich.

Kleiner Grundsatz: Morgenmeditation

Ich meine, beten zu lernen, zu meditieren,
ist das schönste Geschenk, das wir uns selber machen können.
Mit Meditation zu beginnen
gibt dem ganzen Tag ein graziöses Vorzeichen.

Morgengebet

„Ich will eintreten in den Machtbereich
der göttlichen Herrscherin, der Lebendigen.“*
Ich bete mich hinein in diesen Tag.
Ich ahne deine Liebe herbei.
Ich glaube mich in deinen Bereich.
Ich hoffe mich in deine Welt.
Ich liebe mich in deiner Gegenwart.
Ich bin präsent in deiner Nähe.
Ich entdecke dich in mir.

*Psalm 71,16

Am Fenster

Jeden Morgen öffnete sie das Fenster ihres Schlafzimmers.
Schob die beiden Holzläden zur Seite.
Beugte sich weit vor, um über den Giebel hinauszuschauen.
Sah zum Himmel. Dankte für das Wetter. Egal, welches.
Hängte die Decke und das Kopfkissen zum Lüften hinaus.
Blieb noch einen Moment, um zu beten.
Sie dankte. Verschickte Segensgrüße an ihre Lieben.
Und dachte an ihre Toten.
Überlegte dann, was sie mittags wohl kochen würde.
Und welcher Besuch heute anstünde.
Jeden Morgen lehnte sie so eine ganze Weile
auf dem daunenweichen Fensterbrett.
Jeden Morgen sah ihre Nachbarin sie.
Manchmal winkte sie kurz. Oder rief: „Elschen!"
Dann winkte die kurz zurück.
Ein Pläuschchen würden sie später halten.
Seit über sechzig Jahren wohnte sie in diesem Haus.
Und jeden Morgen hatte sie so begonnen.
Die wenigen Ausnahmen konnte sie an einer Hand abzählen
und dazu Geschichten von Geburt und Tod erzählen.

Jeden Morgen ging sie dann irgendwann die steile Treppe hinunter.
Im Küchenfenster stand immer eine Blume.
Im Winter ein Kiefernzweig oder eine Christrose.
Dann Tulpen, Pfingstrosen, später Sommerblumen.
Und neben der Blume eine Kerze.
Die wurde jeden Morgen angezündet.

Dann kochte sie sich eine große Tasse Kaffee.
Und hielt noch einmal inne,
setzte sich an den Küchentisch und las in ihrer Bibel.
Jeden Morgen. Seit über sechzig Jahren.

Eines Morgens blieb das Fenster geschlossen.
Das war ja so ungewöhnlich, dass ihre Nachbarin sofort zu ihrem Haus lief.
Sie fand den Schlüssel unter der Regentonne
und eilte die Treppe hinauf zum Schlafzimmer.
„Elschen! Du hast ja heute gar nicht zum Himmel gesehen!“, sagte sie,
setzte sich auf die Bettkante und nahm die Hand ihrer alten Nachbarin in ihre.
„Heute werde ich noch ganz viel Himmel sehen“, flüsterte die.
Die Nachbarin ging die Treppe hinunter.
Sie machte die Kerze im Fenster an.

JANUAR

15. JANUAR: MARTIN-LUTHER-KING-TAG

KAFFEEBOHNEN-RITUAL

Zwei berufstätige Mütter erzählen mir von ihrem Lieblings-Ritual.
Sie treffen sich ein Mal im Monat. An einem freien Nachmittag.
Sie stellen zwei leere Tassen auf den Tisch.
Und legen zwei Hände voll Kaffeebohnen dazu.
Dann erzählen sie, was gerade bitter ist für sie. Sie erzählen es mit den Bohnen.
Jede einzelne steht für einen Stressmoment.
Eine Enttäuschung. Eine Überforderung. Eine Verspätung.
Eine Überstunde. Eine Kinderkrankheit. Einen geplatzten Termin.
Für einen Streit zu Hause oder mit der Chefin.
Sie haben alle Hände voll zu tun.
Um Berufsleben, Familienleben und ihr Privatleben in Balance zu halten.
Sie erzählen. Es wird geweint, gelacht, gewütet, getrotzt.
Dann nehmen sie die Bohnen und zermahlen sie.
Die eine mahlt mit der Hand, die andere befüllt eine elektrische Mühle.
Beide Geräusche sind Musik in ihren Ohren, erzählen sie und lachen.
Dann kochen sie Kaffee. Mal die eine, beim nächsten Mal wieder die andere.
Während sie warten und der Duft sie schon lockt, segnen sie die zwei leeren Tassen.
Die leeren Tassen sind ein Symbol für den Freiraum, den sie sich wünschen.
Für die Offenheit, die sie sich bewahren wollen. Auch wenn sie oft unter Druck stehen.
Für den Platz, den sie brauchen für sich. Auch wenn alles schon übervoll ist.
Und dann genießen sie. Die eine mit Milch, die andere schwarz, beide mit Zucker.
Und sie danken für das, was süß ist in ihrem Leben und wunderbar.
Das Bittere gehört genauso dazu wie die Leere, meint die eine.
Und natürlich das Vergnügen am Schluss, sagt die andere.

27. JANUAR: GEDENKTAG FÜR DIE OPFER DES NATIONALSOZIALISMUS

Erinnere mich und lass mich erinnern

Gott, in deiner Erinnerung sind alle aufgehoben.
Lass mich nicht vergessen. Hilf mir, zu erinnern.
Die Ermordung. Die Schrecken. Die Erniedrigung. Die Wunden.
Dass die Menschenwürde immer wieder in Gefahr ist.
Dass die Mehrheit nicht immer recht hat.
Und wozu wir fähig sind.
Dass zu jeder Zahl ein Gesicht gehört. Eine Geschichte. Ein Geburtstag.
Eine Familie, die auseinandergerissen wurde.
Lass mich nicht vergessen. Hilf mir, zu erinnern.
Gott, du bist unsere große Bibliothek.
Bei dir sind alle Geschichten aufgehoben.
Die Bücher unseres Lebens stehen in deinem Regal.
Und das Buch aller Namen.
In dir finden alle Erzählungen ein gutes Ende.
Voller Gerechtigkeit. Voller Gnade.
Es ist nicht vergessen. Es ist alles da. Aber in dir tut nichts mehr weh.
Gott, du bist die ewige Präsenzbibliothek der Welt.
Die einzige, universale.
Lass mich nicht vergessen. Hilf mir, zu erinnern.

FEBRUAR

Valentinstag

Valentin ist keine Erfindung von Fleurop oder aus Amerika.
Bischof Valentin von Terni
wurde am Ende des dritten Jahrhunderts nach unserer Zeitrechnung
unter Kaiser Claudius Goticus in Rom hingerichtet und starb als Märtyrer.
Er hatte nur getan, was er tun sollte:
traute Paare, feierte Hochzeiten, segnete die Liebenden.
Seine Messen waren besonders feierliche Feste der Liebe.
Damit zieht man natürlich noch nicht den Zorn des Kaisers auf sich.
Aber: Valentin traute auch Soldaten.
Und damit begann der Ärger.
Die sollten nämlich nach kaiserlichem Befehl unverheiratet bleiben.
Strategie des Krieges: Ledig kämpft sich besser.
Singles haben nicht so viel Heimweh.
Unverheiratete ziehen ohne Abschiedsschmerz in ferne Lande.
Ihre ganze Liebe gilt dem Vaterland, dem Sold, dem Abenteuer.
Aber Liebende? Die wollen nicht in den Krieg.
Die sind mit dem Herzen woanders.
Sehnen sich nach Zärtlichkeit und sind für die Gewalt nicht geeignet.
Und frisch Verheiratete erst! Und junge Väter!
Valentin bekam Ärger, wurde unter Druck gesetzt.
Aber der Pazifist traute weiter, demonstrativ.
Und immer noch sah er nach außen vollkommen harmlos aus.
Er machte Besuche, spazierte durch Terni, grüßte,

im Arm einen großen Strauß voller Blumen.
Die wuchsen in seinem eigenen Garten.
Wohl kein kleinstädtischer Vorgarten, sondern ein bischöflicher Park.
Valentin überreichte hier ein paar rote Rosen,
als Frühlingsboten ein paar erste Krokusse
und zauberte damit ein Lachen auf die Gesichter der Verliebten.
Krasser Kontrast – zwischen blumigem Bischof und kriegerischem Kaiser.
Am 14. Februar 296
wurde Valentin hingerichtet, enthauptet, in Rom, kurzer Prozess.
Man könnte traurig sagen:
„Blumen gegen den Krieg“ hat also nicht funktioniert.
Aber hier kommt der Glaube ins Spiel.
Als Kraft gegen den Zynismus und er fragt:
Wer kennt schon noch Claudius Goticus?
Aber weltweit kennt man Valentin!
Dessen Todestag traf auf das römische Fest der Göttin Juno,
Schutzpatronin der Ehe.
Und so entwickelte sich ein Volksbrauch bis heute.
Liebende schenken sich Blumen an diesem Tag.

21. FEBRUAR: INTERNATIONALER TAG DER MUTTERSPRACHE

FRÜHLING

Frühjahrsgebet

Mit dem Ende des Winters
und zu Beginn des Frühlings beten wir:
Bring uns zurück zu uns selbst.
Dass wir die Orte in unserem Herzen hinter uns lassen,
an denen wir verschlossen sind.
Dass wir, was bitter war und kalt, nicht weiter in uns tragen.
Dass wir dem Frühling Raum machen und der Saat des Neuen.
Dass wir sehen, was wächst und aufblüht,
und beschützen, was klein ist und neu.
Dass wir unsere Wurzeln spüren
und zur Quelle des Lebens finden.
Danke, dass die Jahreszeiten uns daran erinnern,
dass alles seine Zeit hat
und im Kommen wie im Gehen Segen liegt.
Zeig uns, was wir lernen sollen aus dem Vergangenen,
und lass uns neue Geschichten erleben.
Danke für den Rhythmus des Lebens,
für den Boden, auf dem wir stehen,
und für den Himmel über uns.

„Solange die Erde es schafft,
jedes Jahr wieder Frühling zu machen,
will ich es auch tun.“
Alice Walker

Die Rosenkränze der Schwestern

Sie sitzen im Kreis.
Siebenundzwanzig alte Katholikinnen.
So unterschiedlich. Mit Twinset. In Kittelschürze.
Jede hält ihren Rosenkranz in der Hand.
Manche betet mehrmals täglich mit den Perlen.
Manche jeden Morgen.
Manche nur einmal in der Woche, vor der Messe am Samstagabend.
Manche noch seltener.
Einmal im Jahr treffen sie sich. Sitzen im Kreis und schweigen.
Jede hält ihren Rosenkranz in der Hand.
So unterschiedlich. Die Perlen aus Holz, Perlmutt, Türkisstein, Kunststoff.
Mit bunter Quaste, silbernem Marienbild, einem Kruzifix.
Sie gehören zu ihnen wie ihr Gottvertrauen, Symbole ihres Glaubens.
Einige Rosenkränze sind neu, die allermeisten sind alt.
Wie die Frauen, die Katholikinnen, die heute im Kreis sitzen und schweigen.
Nach einer Weile geben sie ihren Rosenkranz
an ihre rechte Nachbarin weiter und empfangen den ihrer linken.
Ihre Finger berühren, bewegen und umbeten die Perlen.
Nach einer Weile geben sie den Rosenkranz wieder nach rechts weiter.
So lange, bis ihr eigener wieder bei ihnen ist.
Einmal im Jahr beten sie mit den Rosenkränzen der anderen Frauen.
Um den Glauben der anderen zu segnen.

Mit Perlen beten

Perlen helfen, uns zu sammeln.
Die evangelischen „Perlen des Glaubens“
wie der Rosenkranz der katholischen Tradition,
der Tasbih des Islams oder die Mala im Buddhismus.
Mit jeder einzelnen Perle wird ein Gebet verbunden.
Ein Anliegen, ein Bibelvers, manchmal nur ein Seufzen.
Ich spreche oft zu jeder Perle den Namen einer konkreten Person aus.
Male mir ihr Gesicht vor Augen, ihre Lebenssituation.
Bedenke sie mit einem Segen. Spüre unsere Verbundenheit auf.
So reihe ich mich und die Perlen meines Lebens in Gottes Segnen.

MÄRZ

8. MÄRZ: INTERNATIONALER FRAUENTAG

Lied am Weltfrauentag

Though she's half a world away,
something in me wants to say:
We are one Woman. You cry and I hear you.
We are one Woman. You hurt, and I hurt, too.
We are one Woman. Your hopes are mine.
And we shall shine.
Though we're different as can be, we're connected, she with me.

Obwohl uns Welten trennen, möchte ich sagen:
Wir sind eins. Wenn du weinst, höre ich dich.
Wir sind verbunden. Was dir wehtut, tut mir weh.
Wir sind die Eine. Deine Hoffnungen sind meine.
Und wir werden strahlen!
Auch wenn wir sehr unterschiedlich sind, wir sind verbunden.

Postkarten

Schreib eine Postkarte, einen Brief, eine Mail, eine SMS.
An die Frauen, mit denen du verbunden bist.
Bedanke dich. Verneige dich innerlich vor ihnen.
Segne sie. Schick ihnen gute Wünsche:
„Kraft für deine Wurzeln. Deinen Stamm.
Wind für deine Zweige. Deine Blätter.
Licht für deine Blüten. Deine Früchte.
Gottes Segen wie die Frühlingssonne für dein Leben."

21. MÄRZ: WELTTAG GEGEN DEN RASSISMUS

Namenstag feiern

Am 21. März feiere ich meinen Namenstag.
Inspiriert von Christian, einem Mönch aus dem 10. Jahrhundert, Abt eines Klosters in Köln.
Der Namenstag ist eine Tradition, die entstand,
als im Zuge der christlichen Mission mit der Taufe ein neuer Name verliehen wurde,
ein sogenannter christlicher Name.
Dieser neue Name wurde zu einem Kennzeichen, einem Unterscheidungsmerkmal.
In Indien habe ich erlebt: Wer einmal Sheila hieß und dann zu einer Mary wird,
zeigt damit deutlich, was sie glaubt.
Im Mittelalter wurde bei der Taufe dem Kind gerne der Name des „Tagesheiligen“ gegeben.
Wir sind mit unserem Namen verbunden.
Oft haben die, die uns benannt haben, Wünsche mit unserem Namen verbunden.

Am 21. März feiere ich meinen Namenstag.
Mein Name ist Christina. Er bedeutet „die zum Gesalbten gehört“.
Mein Name identifiziert mich mit dem Christus.
Mit einer ganzen Weltreligion. Mit meiner Erzählgemeinschaft.
Mein Name rückt mich in die Nähe von Jesus von Nazareth.
Diese Nähe war wohl auch der Wunsch meiner Eltern,
die mir den Namen gegeben haben.
Jesuanische Nähe bedeutet für mich: behagliche Freiheit.
Raum, mich zu bergen. Raum für Treue und für Entwicklung. Zuhause und Weg.
Christina. Ich heiße gerne so. Seit fast 50 Jahren jetzt.
Ich weiß, ich bejahe mit meinem Namen auch ein Erbe.
Ich habe mich daran gewöhnt, zu heißen wie der Christus.
In Indien ist dadurch immer sofort klar, wofür ich stehe.
In Deutschland finde ich überall Namensschwestern und fühle mich verbunden.

Feiere doch in diesem Jahr deinen Namenstag.
Dein Name ist bedeutungsvoll!
Wer nach einer Heiligen benannt worden war,
fühlte sich auch mit dieser Persönlichkeit verbunden und konnte wissen:
Da gibt es also jemanden mit meinem Namen, die so gelebt hat,
dass man sich gerne an sie erinnern wollte.

Eine Person, die etwas getan, gesagt oder erlebt hat, das nachahmenswert ist.
Die Heiligen sind Inspiration.
Wer sie nur als moralisches Vorbild sieht, verpasst ihre Dynamik,
die Kraft ihres Mutes, ihrer Fähigkeit, anders zu sein, unbequem und neugierig.

Am 21. März feiere ich meinen Namenstag.
Er fällt auf denselben Tag wie der UN-Tag der Poesie.
Und in Erinnerung an das Massaker von Sharpeville in Südafrika
ist dies auch der Tag der Menschenrechte und gegen Rassismus.
Das empfinde ich als Ermutigung und als Verpflichtung.
In der Nacht findet die Tagundnachtgleiche statt und es wird Frühling.
Das wiederum ermutigt mich, zu vertrauen,
dass selbst Unterschiede wie Tag und Nacht sich doch annähern können.
Den eigenen Namenstag zu feiern, ist eine Einladung,
über deinen Namen nachzudenken und ihn als Anregung zu begreifen.
Wie heißt du? Wie wirst du genannt? Bist du, was dein Name sagt?
Was bedeutet dein Name, und was bedeutet er dir?
Kennst du eine Person, die deinen Namen trägt und Großes und Gutes bewirkt hat?
Könnte eine Mitnamens-Trägerin ein Vorbild für dich werden?
Könnte in deinem Namen ein Ruf stecken,
eine Lebensberufung, eine Aufgabe, eine Spur?

Feiere doch in diesem Jahr deinen Namenstag.
In einer Zeit, in der wir alle immer mehr zu Nummern werden,
zu einer Mischung aus Statistik und Passwort,
ist es etwas zutiefst Menschliches, sich beim Namen zu nennen.
Unser Name meint uns. Spricht uns an.
Erzählt immer auch eine Geschichte.
Auch eine größere, weitere, andere Geschichte als nur unsere eigene.
Name statt Nummer. Das ist die Würde, die uns unsere Identität verleiht.
Und die sitzt tiefer als das, was wir können, was wir leisten, bringen, schaffen.
Name meint, dass du nicht nur zählbar, messbar, käuflich bist,
sondern auch ansprechbar, liebbar, eigen und gerufen.

Mich bekreuzigen

Mit einer kleinen Geste zeichne ich ein Kreuz.
Ich berühre mit den Fingerspitzen meiner rechten Hand
meine Stirn und sage: „Im Namen des Schöpfers."
Dann berühre ich mein Brustbein und sage:
„Im Namen von Jesus."
Ich berühre die Vorderseite meiner rechten Schulter und sage:
„Und im Namen der heiligen ..."
Und berühre dann auf derselben Höhe meine linke Schulter und sage:
„Geistkraft."
Ich lege meine Hände aneinander und sage: „Amen."

Ich bete mit derselben Geste.
Zur Stirn: „Ich suche Gott, höher als meine Gedanken."
Zum Brustbein: „Tiefer als mein Herz."
Zur rechten und linken Schulter: „Weiter, als meine Liebe reicht."
Ich lege meine Hände aneinander und sage: „Amen."

Ich wiederhole.
„Im Namen des Schöpfers.
Im Namen von Jesus.
Und im Namen der heiligen Geistkraft. Amen."

PASSIONSZEIT

Meditation zum Kreuz

In vier Richtungen weist das Kreuz.
Ein Mensch hängt in der Mitte.
Das Kreuz weist nach oben zum Himmel.
Die Gottesliebe verlieh seinem Leben Glanz.
Das Kreuz weist zu beiden Seiten, wie offene Arme.
Nach rechts: Er liebte seine Nächsten, war zugänglich für alle,
hörte, umarmte, heilte, begeisterte viele.
Nach links: Und gleichzeitig liebte er sich selbst,
achtete sich, ruhte, nahm seine Ideale ernst,
wusste um seine Identität.
Das Kreuz weist nach unten.
Er liebte noch die, die ihm fremd waren und feind.
Seine Entfeindungsliebe reichte bis in die Tiefe der Erde
und schloss alles ein in die Versöhnung.
In vier Richtungen weist das Kreuz.
Ein Mensch hängt in der Mitte.
Vierfach ist sein Pfad. Vierfach die Liebe ganz.

Vergebungsritual

Dieses Ritual habe ich von meiner Lehrerin Rachel Barenblat gelernt.
Sie selber übt es in den Tagen vor Rosch ha-Schana, dem jüdischen Neujahrsfest.
Als Christin übersetze ich es in die Karzeit.
In der Karwoche ist das Jahr etwa 100 Tage alt.

In diesen Tagen schreibe ich auf, was ich nicht geschafft habe.
Versprechen, die ich nicht halten konnte.
Was ich mir vorgenommen hatte, aber nicht umgesetzt.
Es ist Seelenarbeit. Ernüchternd.
Es geht um die Versprechen Gott gegenüber. Und mir selbst gegenüber.
Ich wollte mich einem Konflikt widmen und habe es nicht getan.
Ich wollte etwas lernen und bin ausgewichen.
Ich wollte dankbarer sein. Weicher. Gelassener.
Früher schlafen gehen. Besser auf mich achten.
Einer Person nicht mehr ausweichen. Oder einem Thema.
Ich habe es nicht geschafft. Es ist nicht geschehen.
Vor Ostern möchte ich diese Unterlassungen bekennen.
Um frei in die neue Zeit zu gehen. In Auferweckung und Frühling.
Einige Versprechen haben sich inzwischen vielleicht als falsch erwiesen.
Hätte ich zu Jahresbeginn schon gewusst, was ich heute weiß, hätte ich sie nicht gemacht.
Andere Versprechen bleiben richtig und ich bereue, dass sie unerfüllt blieben.
Dafür gab es verschiedene Gründe, die ich mir jetzt näher ansehe.
Nicht immer lag es an mir oder nicht an mir alleine.
Einiges habe ich wirklich selbst versäumt. Ich bereue es.
Ich schreibe „Ich wollte doch …“.
Ich brauche ein paar Tage für diese Seelenarbeit.
Es ist ein Forschen. Genauer Hinsehen. Betrauern. Manchmal ein Schimpfen.
Es bewirkt Scham. Anklage und Klage.
Irgendwann sind die Blätter der Reue vollgeschrieben.

Am Schönsten wäre es, so träume ich manchmal, das alles vorzulesen.
In großer Runde. Die Blätter dann gemeinsam zu verbrennen.
Und um das Feuer herum zu tanzen.
Weil so ein Ritual mir nicht möglich ist, habe ich eine kleinere Version gefunden.
Zwei schwesterliche Freundinnen bilden den Kreis mit mir.
Ich schreibe den Kern meiner Einsichten in eine Mail und schicke sie an die beiden.
Die zwei schicken mir ihrerseits ihre Einsichten.
Wir verabreden einen Abend, an dem wir die Mails lesen.
Es ist sehr persönlich, was ich schreibe.
Während ich mir vorstelle, dass die beiden meine Nachricht lesen,
ihren Laptop auf den Knien, auf dem Sofa, lese ich mir vor, was ich bereue.
Ich lese es mit lauter Stimme, langsam und bewusst.
Dann bete ich:
„Komm, Geist der Vergebung. Löse mich!
Dass ich Vorwürfe, Scham und Ärger loslasse.
Dass ich Platz mache für Gnade, für Wunder und Erneuerung. Amen."

Wir haben verabredet, dass die Mails anschließend gelöscht werden.
Und schreiben uns eine kurze Nachricht, die heißt: „Du bist frei!"

Die Bibel hat für dieses Wunder viele Bilder:
Mantel, der zudeckt. Wort, das befreit. Tiefe, die vergisst.
Wasser, das sauber wäscht. Sühne, die stellvertretend geleistet wird.
Berg, der abgetragen, Lücke, die gefüllt wird.
Immer ist Vergebung entlastend, befreiend, heilsam.
So werden wir bereit für das Neue.

Fasten

Alle Weltreligionen kennen diese Idee:
eine Zeit lang zu verzichten.
Auf Essen. Oder auf Dinge und Gewohnheiten,
eine Zeit lang mal ohne etwas auszukommen,
Liebgewordenes, Selbstverständliches.
Im Christentum wird während der Passionszeit
40 Tage vor Ostern gefastet und im Advent.
Es ist ein Ritual der Gerechtigkeit.
Weil es uns daran erinnert,
dass satt zu werden, nicht selbstverständlich ist.
Dass viele hungern in dieser Welt. Unfreiwillig. Immerzu.
Viele spenden, was sie sparen in dieser Zeit,
für andere, die weniger haben.
Wie es im Buch des Propheten Jesaja heißt:
„Ist nicht dies ein Fasten, wie es mir gefällt: Geht es nicht darum?
Mit Hungrigen dein Brot teilen ...“ (Jesaja 58,6&7).
Fasten ist eine Gelegenheit, uns zu prüfen.
Abhängigkeiten aufzudecken. Süchte.
Wir fragen, wer in Wahrheit unser Gott ist.
Wer und was uns beherrscht.
Fasten ist Vorbereitung. Reinigung.
In der christlichen Passionszeit wird in Erinnerung an Jesus gefastet.
Während er leidet, wird nicht gefeiert.
Wer verzichtet, denkt sich damit in seine Nähe.

PASSAH – GRÜNDONNERSTAG

Orangen beim Passahfest

Eine Jüdin erzählt von einem ihrer höchsten Festtage:
Jede jüdische Familie hat ihre eigene, einmalige Version der Passah-Feier:
traditionelle Rezepte, bestimmte Gerichte, Rituale, Geschichten und Lieder.
Überrascht entdecken wir die Rituale von anderen.
„Ihr bratet eine ganze Lammkeule?“ „Ihr singt nicht „Chad Gadya?“
„Ihr erzählt Jerusalem-Geschichten?“
Aber bei allen Unterschieden gibt es doch eine Menge von Gemeinsamkeiten.
Überall liegen Brotkrümel auf dem Boden.
Überall haben die weißen Tischtücher am Ende Weinflecken.
Und auf einem Teller finden sich die typischen Symbole:
Lammfleisch, das an Verschonung erinnert.
Ein hart gekochtes Ei, das an neues Leben erinnert.
Salzwasser, das an die Tränen erinnert.
Bitterkräuter, die an Unterdrückung erinnern,
Petersilie für den Frühling, Nuss-Creme, die an die Ziegel erinnert.
Und für viele von uns kommen noch Orangen dazu.
Die Hebräer, die durch die Wüste fliehen mussten, kannten keine Zitrusfrüchte.
Und auf dem Passah-Tisch meiner Großmutter fand sich keine Valensina.
Aber irgendwann in den 80er-Jahren tauchten auf den Passah-Tischen Orangen auf.
Dieser Brauch wurde von Susannah Heschel begonnen.
Für sie war es ein Symbol dafür, homosexuelle Jüdinnen und Juden mit einzuladen.
In den kommenden Jahren wurde es zu einem Symbol für alle,
die in unserer Gemeinschaft unterdrückt worden waren, beleidigt oder an den Rand gedrängt.
Dank des Internets konnte sich der Brauch schnell verbreiten.
Viele jüdische Frauen nahmen die Idee auf
und legten jetzt zusätzlich Orangen auf den Feierabendtisch.
Überall auf der Welt findet sich heute diese Frucht
als Symbol von grenzenloser Gemeinschaft.
Unabhängig von der ursprünglichen Idee
ist die Orange jetzt ein spirituelles Symbol für uns und ein Statement.
Die Orangen stehen auch für die kreative Frömmigkeit derer,
die die Tradition achten, aber sich nicht scheuen, neue Symbole hinzuzufügen.

So gibt es zum Beispiel auch den Miriam-Becher,
der an die Rolle von Moses Schwester erinnert, die mutige Tänzerin, Sängerin, Prophetin.
Und einige fügen noch eine weitere Frage hinzu:
„Warum sitzen wir nicht gerade am Sedertisch? Warum hängen wir ab?“
Und die Antwort heißt: „Weil freie Menschen es sich gemütlich machen.“

Eins der Kinder in meiner Familie, das noch nicht religionsmündig ist, fragt
wie bei den anderen Symbolen auch: „Warum essen wir heute Orangen?“
Und dann antwortet eine erwachsene Person:
„Ich bin so froh, dass du danach fragst.
Die Orange ist ein Zeichen für den Kampf für alle,
die ignoriert wurden von unserer Tradition.
Lesben und Schwule, Frauen, Juden, die konvertiert sind,
alle sollen sich als vollwertige Mitglieder unserer Gemeinschaft verstehen,
als gleichberechtigte Mitglieder unserer Religion.
Alle können Rabbis werden, Rabbinerinnen, Kantoren, Lehrende
und alle können Leitung übernehmen.“

Die Orange ist auch ein Zeichen für die Zukunft,
in der vielleicht die Kinder neue Symbole auf den Tisch legen werden.
Die Orange ist süß und gesund, sie hat etwas Verspieltes und etwas Andächtiges.
Dieser Gott, der den Himmel schuf und die bunte Erde,
dieser Gott, der uns in die Freiheit führte,
dieser Gott liebt Verschiedenheit und Wandel.
Und bestimmt auch Orangen.

Die Gemeinde, in der ich zu Hause bin, feiert am Gründonnerstag ein Feierabendmahl.
Mit Brot und Wein, Wasser, Lamm-Curry, Dattelpaste, Kräutersalat. Und Orangen.

OSTERN

Jesuanischer Rhythmus

Die große Erzählung von Jesus, dem Christus,
gibt meinem Leben den Rhythmus.
Ich feiere im Advent die Schönheit des Wartens.
Die Vorfreude auf die Ankunft des Heiligen, seine Nähe.
Die Türen zu öffnen in einer Welt, die sie uns so oft zuschlägt.
Ich liebe das Geheimnis von Weihnachten.
Geboren in der Mitte der Welt.
Und dass Jesus weiß, was es heißt, ein Mensch zu sein.
Dass er diese Welt kennt mit ihren vielen irritierenden Erfahrungen.
Er muss so schreckliches Heimweh gehabt haben ...
Die Hingabe. Das Widerständige, die Empathie.
Dass er nicht über diese Erde stolzierte, sondern sich tief eingegraben hat.
Ich teile die Überzeugung seiner Passion:
Freiwillig übernommenes Leiden hat verändernde Kraft.
Und wer wäre ich ohne Ostern?
Auferweckung, diese gründlichste Unterbrechung.
Sonntagsenergie, Trotzkraft, die ich dringend brauche in dieser Welt.
Jeder Sonntag erinnert mich wieder und wieder:
Die Liebe ist stärker als der Tod.
Jeder Frühling feiert mit mir die Auferstehung des Lebens.

APRIL

Kleiner Grundsatz: Unterbrechung

Ein Ritual ist eine heilige Unterbrechung. Das Atemholen im Alltag.
Die mögliche Wende im Immer-so-Weiter. Der Moment für das Wunder im Sowieso.

22. APRIL: TAG DER ERDE *EARTH DAY

Grüngebet

Heute gehe ich mit nackten Füßen über grünes Gras.
Ich umarme einen Baum.
Und mache einer Blume ein Kompliment.
Freue mich über einen Apfel. Und über mein Fahrrad.
Heute ziehe ich etwas Grünes an. Ein Paar Ohrringe, ein Tuch.
Ich spreche Mutter Erde meine Bewunderung aus.
So schön ist sie. Und so geschunden. Beschädigt.
Mit Blick zum Himmel atme ich tief ein und aus.
Ich nehme mir neu vor, meine Umwelt in Schutz zu nehmen.
Und weltweit zu denken. Verwoben und angewiesen.
Mich als Teil des Ganzen wahrzunehmen.
Ich vertraue mich und unseren Planeten Gott an.
Dem Schöpfer, dem Gärtner und der Grünkraft.
Ich lebe aus großer Hoffnung. Und mit großer Verantwortung. Amen.

Ostern feiern wie Frühling

Jede Zeit im Jahr hat ihre eigene Note.
Zeit ist nicht gleich-gültig.
Es gibt heilige Tage im Jahr, die besondere Aufmerksamkeit brauchen.
Das Gespür für Jahreszeiten ging in meinem Elternhaus einher
mit dem Bewusstsein für das Kirchenjahr.
Der Frühling feierte mit dem Osterfest das Leben.
Nach dem nassen Grau wird das lebendige Grün begrüßt.
Aber wie in der Natur muss das Leben immer erst durch den Tod.

So gestalte ich die Karwoche, diese besonderen Tage vor Ostern,
bewusst als notwendige Trauerzeit, als Vorbotin des großen Festes.
Die „Kar"-Woche, abgeleitet vom althochdeutschen „kara" für Klage, Kummer und Trauer.
Das Haus ist nicht wie sonst mit Blumen geschmückt.
Es gibt nur ein paar Zweige im Fenster, vielleicht ein paar Dornen oder Disteln.
Ich kann Blumen sehr vermissen.
Ich sehne mich von Tag zu Tag mehr nach dem Osterfest.

Der Karsamstag knüpft noch an die Stille der besonderen Woche an,
um sich dann allmählich und immer schneller zu verwandeln.
Es wird eingekauft, vor allem Blumen auf dem Markt.
Die Kisten mit Oster-Deko werden aus dem Keller geholt.
Eifriges Treiben. Knistern. Summen. Rascheln.
Die grünen Zweige werden mit buntem Schmuck behängt.
Osternester aus grünem Moos mit Schokoladeneiern gefüllt.
Ostereier werden gekocht und gefärbt und mit Butter glänzend gerieben.
In die Fenster werden Bilder gehängt.
Im ganzen Haus gibt es endlich wieder Blumen.
Volle Sträuße strahlender Osterglocken.
Dazu Tulpen, blaue Traubenhyazinthen, rosa Bellis.
Die Farben sind wieder da! Es duftet nach Grün.
Das ganze Haus verwandelt sich und erlebt Ostern mit uns.

Sonntag. Jesus ist auferweckt worden. Die Sonne scheint.
Die Nacht ist vorbei und das Kara, Klagen, auch.
Der Winter ist abgeschlossen, der so kalt war wie ein Grab und so leblos.
Der Frühling ist da. Die Grünkraft ist Siegerin.
Etwas Großes ist geschehen, ein Neuanfang. Sichtbar. Erlebbar.
Es ist erschienen die lindgrüne Freundlichkeit, die Lindigkeit Gottes.
Eine neue Leichtigkeit wirbelt durch unser Leben.
Ich feiere auch mein eigenes Leben als ein göttliches Geschenk.

Mein Herze soll dir grünen.

Paul Gerhardt

Ritual im Widerspruch

Was für eine Zeit – um zu feiern.
Was für Katastrophen – und wir singen?!
Was für eine Gewalt, so viele Tote, was für ein Hass.
Und wir lieben uns weiterhin ins Vertrauen.
Was für eine Armut – und wir essen und trinken.
Was für Konflikte – und wir trauen weiterhin der Liebe.
Was für eine Welt – um Kinder zu bekommen.
Was für Fragen, Schrecken, Abgründe – und wir beten.
Was für ein Sonntag – um Ostern zu feiern.
Und was, wenn wir es nicht täten?! Was für eine Welt wäre das?!

HIMMELFAHRT

Erinnere dich an ein Wiedersehen

Erinnere dich an ein Wiedersehen.
An ein Zusammentreffen mit einem besonderen Ort.
Mit einem Platz im Café, einem Ort deiner Kindheit, im Urlaub.
An die Begegnung mit einer Person.
Einer alten Angehörigen. Einer Nachbarin. Einer Freundin. Oder mit Gott.
Nach langem Schweigen vielleicht.
Hol den Moment aus dem Gedächtnis in die Gegenwart.
Ruf dir in Erinnerung, was du gedacht hast, gefühlt, erlebt.
Wie war das, als ihr euch nach so langer Zeit wiedergesehen habt?
Hast du ein Wort dafür?
Erinnerst du dich an die Überraschung? Die Freude? Die Liebe?
Oder auch an die Traurigkeit über die Jahre der Entfernung, Entfremdung und Sehnsucht?
Erinnere dich immer wieder mal an die Möglichkeit der Wiedervereinigung.

MAI

1. MAI: TAG DER ARBEIT

3. MAI: INTERNATIONALER TAG DER PRESSEFREIHEIT

Dass wir uns nicht einschüchtern lassen

Und dann bete ich noch:
dass wir uns nicht einschüchtern lassen.
Von den Fanatischen. Von Hass und Enge. Von Zwang und Gewalt.
Uns nicht verschrecken lassen.
Von denen, die einteilen in „wir“ und „die Anderen“.
Von Ausgrenzungen, Beleidigungen und Verleumdungen.
Dass wir uns nicht zurückdrängen lassen.
Von den Engstirnigen.
Von ihrer selbstmitleidigen und gleichzeitig gemeinen Art zu reden.
Dass wir nicht den Halt verlieren. Die Ideale. Die Sprache, den Mut.
Die innere Freiheit.
Um für die äußere Freiheit aller einzustehen.

Gebet der Europäerin

Ich danke aus vollem Herzen für 70 Jahre Frieden.
Für Versöhnung. Unsere Demokratie.
Und lasse mich mahnen von einer großen Europäerin:
„Die friedliche Situation, wie sie heute in Europa vorherrscht,
ist ein außergewöhnliches Gut.
Niemand von uns darf aber vergessen,
wie zerbrechlich diese Situation nach wie vor ist.“[1]
Da ich hier geboren bin und hier lebe:
Mach mich zu einer europäischen Friedensbotin.

Ich danke aus vollem Herzen für Europa.
Für alle Freiheiten. Unsere Verbindungen.
Und lasse mich mahnen von einer großen Europäerin:
„Wir müssen wieder lernen, in einer Gemeinschaft zu leben.“[2]
Da ich hier lebe und alt werden will:
Mach mich zu einer europäischen Gemeinschaftsbotin.

[1]Simone Veil
[2]Marion Gräfin Dönhoff

5. Mai: Europatag

8. Mai: Tag der Befreiung

Muttertag

Viele denken heute an ihre Mütter und an ihre Kinder.
Einige von uns denken heute daran, dass sie nie ein Kind zur Welt gebracht haben.
Dass sie nie schwanger gewesen sind, obwohl sie es sich gewünscht hätten.
Oder an die Fehlgeburten, die sie hatten, trotz allem Willen, ihr Kind zu halten.
Einige denken an Abtreibungen.
Einige von uns denken an die Kinder, die sie verloren haben, zu früh, weit vor ihrer Zeit.
An Kinder, die adoptiert wurden. Die sie gepflegt haben.
Kinder, die das Jugendamt aus ihrer Familie geholt hat.
Oder an Kinder, die sich entfremdet haben von ihrem Zuhause.
Was auch immer wir heute empfinden – wir alle haben eine Mutter.
Wir sind bemuttert worden und wir alle haben schon bemuttert.
Unsere eigenen Kinder oder die Kinder anderer.

Heute würdigen wir alle Mütterlichkeit.
In uns selbst. In unserer Familie. In dieser Welt.
Wir danken für unsere Mütter.
Für alle Frauen, die uns großgezogen haben.
Behütet. Geprägt. Begleitet. Getröstet.
Die uns Geschichten erzählt und ermutigt haben.
Gehalten und losgelassen.
Wir denken an die Erzieherin. Die Babysitterin. Die Lehrerin.
Die Jungscharleiterin. Die Dozentin. Die Mentorin.
Die Professorin. Die Chorleiterin. Die alte Nachbarin.
Wir bedanken uns mit einem Blumenstrauß an Dankbarkeit.
Wir binden Tulpen in den Strauß für die Bescheidenheit.
Ranunkeln für die Vielfalt.
Vergissmeinnicht für jede schöne Erinnerung.
Weiße Rosen für den Widerstand.

Gerbera für alle Feiern.
Kornblumen für das Wilde und die Freiheit.
Rote Rosen für die Mutterliebe.
Eine Sonnenblume für die Treue von morgens bis abends.
Nelken, auch wenn wir sie nicht mögen.
Ringelblumen und Kamille für jede heilsame Geste.
Eine Lilie für die Sorglosigkeit.
Disteln für den Eigensinn.
Freesien, weil sie so gut duften.
Roten Mohn für Klatsch und Applaus.
Löwenzahn für den Mut.
Osterglocken für jede gute Hoffnung.

Heute würdigen wir alle Mütterlichkeit.
Und bedanken uns bei Gott, von der es heißt:
„Wie eine Mutter tröstet, so will ich euch trösten“ (Jesaja 66,13).
Ewige. Mama. Unsere Gottheit. Große Mutter im Himmel.
Wir bergen uns in deinem Schoß, in deiner unendlichen Liebe.

Ritual nach einer Fehlgeburt

Eine Runde aus vertrauten Freundinnen und Freunden.
Es wird gemeinsam geklagt.

„Du warst erwünscht. Ersehnt. Du warst klein.
Dich viel zu früh verloren zu haben, tut schrecklich weh.
Wir hatten uns sehr auf dich gefreut.
Hatten sogar schon einen Namen für dich gefunden.
Wir legen dich in den Schoß von Mutter Erde.
Und tragen dich weiter in unserem Herzen.
Es gibt Gedenkplätze für dich.
Du gehörst zu uns. Wir werden von dir erzählen."

Kerzen werden angezündet. Gute Wünsche ausgesprochen.
Worte, Tränen, Bitten und Seufzer finden sich wie Gebete.
Dann wird das Fenster geöffnet.
Eine Feder wird draußen auf die Fensterbank gelegt.
Die Blicke folgen ihr erst.
Irgendwann wird der Wind sie mit sich nehmen.
Sie weitertragen.
Wir verabschieden uns.

Geh nach draussen.

Geh nach draußen.
Gönn dir immer wieder mal die Freiheit von draußen.
Den Wind. Die Sonne auf deiner Haut oder den Regen.
Den Boden unter den Füßen.
Die Bewegung deines Körpers in der Natur.
Den offenen Himmel über dir.
Den Geruch des Frühlings. Des Waldes.
Die Schönheit unserer Mitgeschöpfe.
Das linde Grün der Blätter.
Gönn dir die Geduld der Natur. Rupf Unkraut aus.
Säe Blumen. Pflanze Salat auf dem Balkon und Tomaten.
Staune über neugierige Pusteblumen.
Über den Rhythmus der Jahreszeiten.
Und lerne mit ihnen das Warten und Lassen.
Es wächst. Es dauert, aber es wächst.
Freu dich über das, was du siehst.
Und unterschätze nicht,
was währenddessen noch alles im Unsichtbaren geschieht.
Oft ohne unser Dazutun.

Zwischenzeiten

Es gibt Zeiten, in denen wir warten müssen.

Ein Gebot für Wöchnerinnen sagt:
Wenn eine Mutter einen Sohn geboren hat,
soll sie sich 33 Tage lang nicht in der Öffentlichkeit zeigen.
Wenn sie eine Tochter zur Welt gebracht hat, 66 Tage lang.[1]

Ich mache ein kleines Experiment:
Auf halbem Weg, Mittelwert, 33 plus 66 durch 2 macht 49.
49 Tage liegen zwischen Pessach und Schawuot.
Zwischen Ostern und Pfingsten.
49 Tage, in denen der Tröster noch nicht da ist, die Geistkraft.
Tage, in denen der Auferweckte sich seinen Vertrauten zuwendet.
„Warum weinst du?“[2]
Und: „Kinder, habt ihr nichts zu essen?“[3]
49 Tage, in denen Gott ganz nah bei ihren Kindern ist.
„Friede sei mit euch.“[4] Wie bei Neugeborenen.
Sich nicht in der Öffentlichkeit zeigt mit ihnen.

Es gibt Zeiten, in denen wir warten müssen.
Wir dürfen vertrauen: Gott ist uns in diesen Zwischenzeiten zugewandt und nah.

[1] Levitikus 12,4-5
[2] Johannes 20,15
[3] Johannes 21,5 (LUT)
[4] Johannes 20,21

SCHAWUOT – PFINGSTEN

Pippi anziehen

Ich persönlich stelle mir die heilige Geistkraft
am liebsten vor wie Pippi Langstrumpf.
Wenn ich verzagt bin, feige, allzu angepasst oder mich klein fühle,
schickt sie den Annika-Seiten in mir Besuch von nebenan vorbei.
Sie ist die Nachbarin aus der Villa Kunterbunt,
die mich in eine andere Welt lockt.
Mit ihr kann ich beherzt sein.
Sie beschenkt mich mit den kühnsten Träumen
und mit dem Mut, sie zu verwirklichen.

Manchmal zieh ich heimlich Ringelsocken an.
Bunt gestreifte Strümpfe, die aber niemand sehen kann.
Im Geist hab ich dann rote Zöpfe auf dem Kopf,
die zu beiden Seiten frech und widerspenstig stehen.
Und auch die kann niemand sehen.
Statt Rouge und Puder male ich mir Sommersprossen ins Gesicht.
Und richtig, ja, auch diese Zeichen sieht man nicht.
Es gibt so Tage. Wenn ich etwas Neues wage.
Und nur ich weiß, dass ich heute meine Waffenrüstung trage.

„Und an den Füßen tragt als Schuhe
die Bereitschaft zur Freudenbotschaft des Friedens."*

*Brief an die Gemeinde in Ephesus 6,15

JUNI

3. JUNI: EUROPÄISCHER TAG DES FAHRRADS

Tagebuchschreiben

Der Geburtstag von Anne Frank am 12. Juni erinnert mich.
Täglich Tagebuch zu schreiben, ist an sich schon ein Ritual.
Wenigstens ein paar Zeilen.
Wie eine Fotografin, die Schnappschüsse sammelt, halte ich Worte fest.
Sie sind nicht für den Bilderrahmen bestimmt.
Sie sind mein persönliches, kleines Fotoalbum.
Meine Erinnerungen, Gedanken und Ideen.
Jeden Tag will ich ein paar Worte aufspüren.
Stimmungen, Träume, Entscheidungen, Entdeckungen.

Mit dem Tagebuch verbinde ich noch ein Ritual:
Immer, wenn ich ein neues Büchlein beginne,
bekommen die ersten Seiten zwei Überschriften.
Zuerst schreibe ich meinen Wortschatz auf.
Die Zeilen, die mir über Jahre und momentan Halt geben.
Worte, die mir viel bedeuten. Die ich „by heart", auswendig weiß.
Zum Beispiel: „Die Liebe aber ist die größte."[1]
Und: „Die Würde des Menschen ist unantastbar."[2]
Und: „Walk on!"[3]
Ich beschreibe ein paar Seiten mit diesen kraftvollen Zeilen.

Und dann schreibe ich zweitens eine lange Gebetsliste.
Die Namen der Menschen, an die ich regelmäßig denken möchte.
Über die Jahre sind viele Verse und Namen treu geblieben.
Einige neue sind dazugekommen.
Ich schreibe zum Beispiel die Namen der Kinder auf.
Die Namen der Freundinnen weltweit. Um sie nicht zu vergessen.
Jedes neue Tagebuch hat ein bewährtes Vorwort. So erlebe ich Verbundenheit.

[1] II. Brief an die Gemeinde in Korinther 13,13
[2] Artikel 1, Absatz 1 des Grundgesetzes
[3] Lied von U2, gewidmet Aung San Suu Kyi

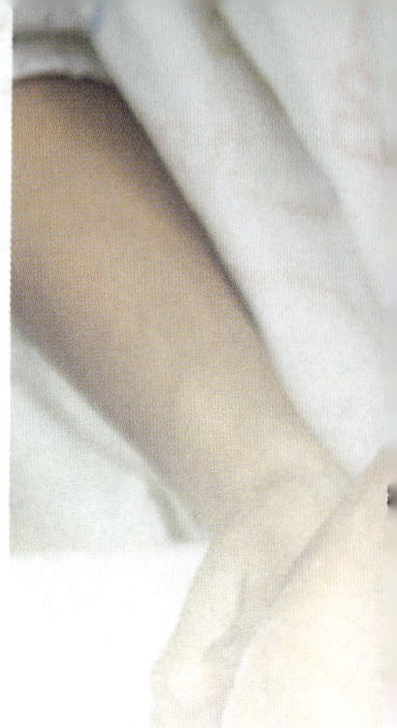

Erbarmen als Mitte aller Rituale

Die Hebamme liebt Rituale, Zyklen, Bräuche.
Perioden und ausbleibende Perioden.
Sie ist die Heilige aller Heilerinnen.
Die berühmtesten Hebammen der Bibel
sind die Ägypterinnen Schifra und Pua.
Außerdem Elischeba, Aarons Ehefrau, Schwägerin der Miriam.
Sie sind weise Frauen. Vorbilder.
Sie überwinden ihre Angst vor dem herrischen Pharao,
der Neugeborene töten lassen wollte, und bleiben ihrer Berufung treu.
Und helfen dem Leben zur Welt.
Die Hebamme ist Hilfe für alle, die mehr Leben herbeisehnen.
Die den Leib lieben wie den Geist und die Seele und alle ihre Zusammenhänge.
Sie ist „mid-wife“, die Mit-Frau. Freundin der Freundinnen.
Der Aktivistinnen. Der Sympathisantinnen.
Der Schwestern, Mentorinnen, Leiterinnen.
Die Hebamme liebt Rituale, Zyklen, Bräuche.
Erbarmen ist die Mitte ihres Handelns.
Sie ist im tiefsten Sinn eine Priesterin.
Ihr Erbe für mich ist:
Barmherzigkeit soll im Mittelpunkt aller Rituale stehen.
Liebe soll alle Rituale begründen und ausgestalten.

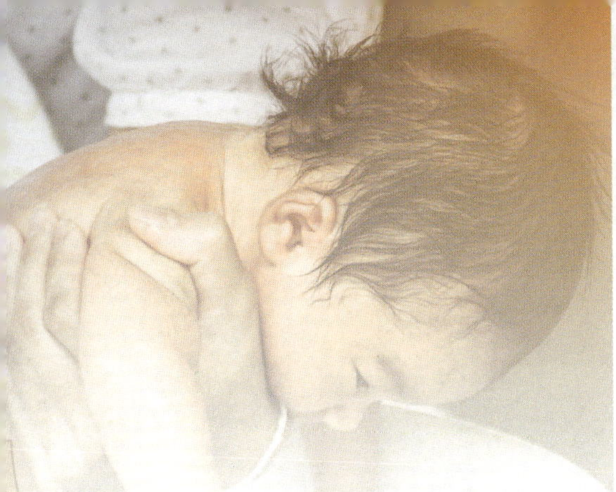

Ich bin hier. Nicht, um zu verletzen. Sondern um zu heilen.
Ich bin hier. Nicht um Mut zu nehmen. Sondern um Mut zu machen.
Ich bin hier. Nicht um zu hassen. Sondern um zu lieben.
Ich bin hier. Nicht um zu horten. Sondern um zu schenken.
Ich bin hier. Nicht um zu zerstören. Sondern um zu erschaffen.
Ich bin hier. Um zu schützen. Zu schätzen. Zu unterstützen.

Egal, wie gebildet, talentiert, reich oder bekannt wir sind –
wie wir andere Menschen und diese Welt behandeln, sagt alles.
Rituale beteiligen uns daran, die Heiligkeit des Lebens aufzuspüren.
Dem Leben zur Welt zu helfen.
Die Hebamme – ja die Barmherzigkeit selbst ruft uns,
Priesterin zu sein für diese Welt.
Barmherzigkeit möge im Mittelpunkt aller Rituale stehen.

JULI

TÄGLICH DIE VIER ELEMENTE AUFSPÜREN

Für die Gabe des Wassers danken.
Schwester Wasser.
Trinken. Waschen. In den Wellen bewegen.
Die Füße umspülen lassen.
Leite uns zu der Quelle, die ewig unseren Durst löscht.

Für die Gabe des Feuers danken.
Bruder Feuer.
Mich wärmen. Funken sammeln. Mich sammeln.
Das Gesicht der Sonne hinhalten.
Entzünde auch in uns die Flamme, die Licht in die Welt bringt.

Für die Gabe der Erde danken.
Mutter Erde.
Fest stehen. Gehen. Den Grund achten.
Die Hände in den Boden graben.
Berühre uns, wenn wir bleiben und wenn wir weitergehen.

Für die Gabe der Luft danken.
Vater Himmel.
Atmen. Mich vom Wind berühren lassen. Menschlich sein.
Die Lungen füllen.
Achte auf uns, dass wir deine Welt atmen hören.

Barfuss beten

Ich ziehe meine Schuhe aus und auch die Socken.
Ich sitze im Schneidersitz und halte meine nackten Füße in den Händen.
Massiere die beiden, die so viel tragen und laufen müssen.
Ich leihe mir Worte bei denen, die vor mir geglaubt haben:
„Wohl denen, deren Stärke in dir gründet, die in ihren Herzen barfuß zu dir pilgern."*
Ich bete mit diesen alten Worten. Und spüre ihnen nach.
Bitte, lass mich barfuß pilgern.
Auch wenn es Verunsicherung bedeutet.
Mach mich zu einer Kriegerin der Sanftmut.
Ich möchte das Kriegen verlernen und den Frieden üben.
Lass mich achtsam gehen, Schritt für Schritt.
Behutsam. Fein. Rücksichtsvoll.
Auch wenn ich dann langsamer vorwärtskomme.
Und jeder Schritt sich anders anfühlt.
Mein Herz soll nicht stiefeln, nicht stöckeln.
Ich wünsche mir ein empfindsames Herz.
Das den Boden wirklich berührt.
Und seinen Schutz in dir findet.
Deine Zuneigung, deine Zärtlichkeit verleihe mir Kraft.
Lenke meine Füße auf den Weg des Friedens.
Ich sitze im Schneidersitz und streichle meine nackten Füße.
Massiere die beiden, die so viel tragen und laufen müssen.

*Psalm 84,6

Kleiner Grundsatz: Gott und die Welt

„Wer in Gott eintaucht, taucht neben den Armen wieder auf.“*
Ich bete nicht, um immer besser beten zu können.
Sondern um das Leben besser zu meistern.
Ich meditiere nicht, um die Welt zu vergessen.
Sondern um mich ihr widmen zu können.
Ich bete nicht, um mich beruhigen zu lassen,
oder meine Wünsche loszuwerden,
sondern um dem Leben mit seiner Not und seinem Glück
verantwortlich gegenübertreten zu können.

*Paul M. Zulehner

Eine Ältere aufsuchen

Ab und an eine Ältere besuchen.
Eine Lehrerin. Eine Autorität. Eine Große.
Die 20 Jahre weiter ist und die nächste Phase schon kennt.
Die mehr verstanden hat. Mehr Erfahrung gesammelt.
Ab und an einen Nachmittag lang hospitieren in ihrem Leben.
Die schon mehr weiß. Die etwas zu erzählen hat.
Die mit mir teilt, was ihr Leben sie gelehrt hat.
Ab und an mich einladen. Fragen stellen. Unsicherheiten teilen.
(Oder wenigstens auf dem Blog einer Weisen vorbeischauen ... Oder ihr Buch lesen.)
Zuhören. Zugeben, dass ich nicht alles alleine kann.
Dass ich die Lebenserfahrung der anderen brauche.
Ab und an durch weisere Augen gucken.

JAHRESMITTE – MITTAG

MITTAGSGEBET

Ich atme bewusst. Halte inne.
In der Mitte des Tages.
Schenk mir Balance.
Zwischen „Für mich“ und „Für andere“.

Ich bete. Werde menschlich vor dir.
In der Mitte dieses Jahres.
Schenk mir Balance.
Zwischen gestern und morgen.

Ich sehne mich. Suche dich.
In der Mitte meines Lebens.
Schenk mir Balance.
Zwischen „Schon jetzt“ und „Noch nicht“.

Tischgebet

In der Küche hängt ein Leinentuch an der Wand.
Über der Eckbank. Über der langen Tafel.
„Gott, du Liebe, wir danken dir. Amen."
In roten Buchstaben gestickt.
Umrahmt von bunten Blumen.
Die Enkelin erzählt:
Sie bestand darauf, die Oma.
Irgendwer hatte ja immer schon Hunger
und wollte sich am liebsten sofort den Teller füllen.
Irgendwer musste sich immer noch die Hände waschen,
kam zu spät und ließ die anderen warten.
Wir riefen immer alle durcheinander:
„Das duftet aber gut!", „Was gibt es denn?", und: „Ich habe Kohldampf."
Wir ließen uns auf unsere Plätze fallen.
Hier. Rund um den großen Tisch.
Und sie bestand darauf, dass wir alle saßen.
Uns einmal anguckten, kurz still wurden und uns die Hände reichten.
Und dann sagte sie, die Oma:
„Gott, du Liebe, wir danken dir. Amen."

AUGUST

Lernen

Ich lerne, was Ritual ist, bei dem Mann, der Sushi rollt.
Schon sein Urgroßvater hatte diese hohe Kunst ausgeübt.
Jeder gab es weiter an die nächste Generation.
Ich lerne, während ich seine Hände betrachte.
Das uralte, aber scharfe Messer, das er geerbt hat.
Sein Wissen, das ihn den Reis, die einzig richtige Sorte, wählen lässt.
Die Technik. Die schnellen Bewegungen. Die flinken Finger.
Wie sie die Nori-Blätter wickeln.
Dazu Avocado. Kürbis. Gurke. Mango. Sesam.
Ich lerne, was Ritual ist, bei dem Mann, der Sushi rollt.
Seine Konzentration hat etwas von einem Heiligen.
Es ist zum Niederknien schön.
Wenn jemand tut, was er kann. Etwas so Ansehnliches.
Seine Versunkenheit rührt mich. Seine Liebe zum Detail.
Als er kurz aufblickt, lachen seine Augen.
Ich lerne, was Ritual ist, bei dem Mann, der Sushi liebt.

SOMMER

Heilsames Begleiten

Leg Kamille und Lavendel in deinen Koffer.

Gebet für den Sommer

Hilf mir, einzusehen, dass ich Urlaub brauche.
Auch wenn ich weiß, dass er für viele in dieser Welt ein Luxus ist.
Hilf mir, Pause zu machen.
In einer Welt, die ständig beschäftigt ist.
Hilf mir, dass ich die Pause nicht als Mühe erlebe, sondern gerne nach Hause komme.
Hilf mir, den Reichtum der Natur zu genießen.
Die Schönheit der Menschen um mich herum.
Die Fülle, die Pracht, den Überfluss deiner Welt.
Hilf mir, menschlich zu sein.
In einer gnadenlosen Zeit, die immer noch mehr fordert.
Hilf mir, nicht nur zu konsumieren, einmal auszunüchtern
und zu staunen über das, was da ist.
In diesem Sommer, der deine Zeit ist.

Ein Gebet vor der Reise

Ich will die Reise nicht beginnen ohne dich.
Ich mache ja nicht Urlaub von dir.
Ich bitte nicht nur um Bewahrung.
Sondern um echte Begleitung.
Ich mag nicht ohne dich reisen.
Es soll unser gemeinsamer Urlaub sein.

Gebet in der Pause

Sprich, heilige Stimme.
Mach mich aufmerksam für dich.
Sprich, Friedefürst.
Vertreibe die Furcht aus meinem Herzen.
Komm, heilige Geistkraft.
Wecke mich und schaffe Neues in mir.

Orte segnen – Segensorte

Heute gehe ich einmal durch alle Räume in meinem Zuhause.
Gemeinsam mit einem Engel.
Ich bleibe jeweils kurz auf der Schwelle stehen.
Bedenke jeden Raum mit einem Segen.
Die Küche, das Schlafzimmer, Wohnzimmer, das Bad.
Ich berühre den Herd. Das Bett. Das Sofa.
Ich danke für meinen Schreibtisch.
Meine Schubladen. Meine Bücher.
Ich darf Raum einnehmen. Ich habe Platz für mich.
Ich darf die Tür hinter mir schließen.
Andere müssen anklopfen, bevor sie eintreten.
Ich sehe, wie aufgeräumt ich gerade bin.
Dass Arbeit auf mich wartet.
Ich sehe aus dem Fenster.
Ich bin umgeben. Benachbart. Direkt nebenan. Verbunden.
Es gibt besondere Orte, an denen ich mich Gott nah fühle.
Und auch, wo ich fremd bin, bleibt mir mein innerer Tempel.
Ich berge mich immer unter Gottes Dach. Hier ist mein Zuhause.
Außerhalb kann ich kämpfen. Hier übe ich den Rückzug.
Mein Schutzraum umgibt meine Haut und mein Herz.
Von Reisen zurück bin ich willkommen.
Immer mit dem Recht, hier zu sein.
Heute gehe ich durch alle Räume. Gemeinsam mit einem Engel.
(Wenn ich gerade eingezogen bin – erst recht! Aber auch sonst immer mal wieder.)
Und bedenke jeden mit einem Segen.

Ein Moment voller Dankbarkeit

Eine geht jeden Morgen schwimmen.
Sie liebt Wasser. Das Stadtbad wie das Meer.
Sie liebt Türkis. Abtauchen. Versinken. Atmen.
Fünfzig Bahnen zu ziehen, sind ihr Ritual.
Und der besondere Moment, bevor sie ins Becken springt.
Die paar Sekunden vor der Erfrischung.
Da hält sie inne und dankt.
Für die Freiheit, die Gesundheit, das Wasser.
Eine geht jeden Morgen danken.

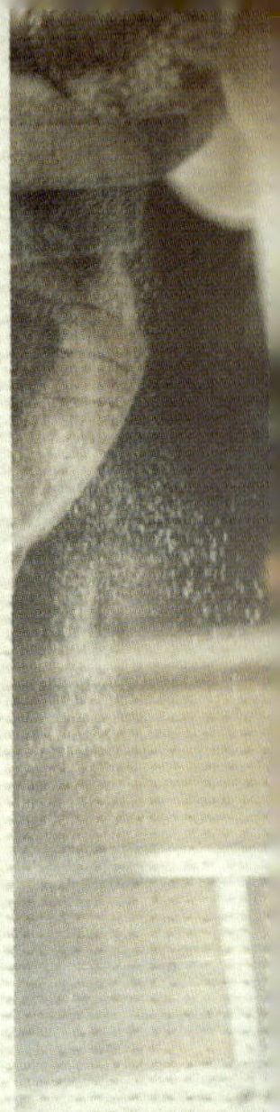

SEPTEMBER

Brot backen und teilen

Eine Bekannte erzählt mir von ihrem Brot-Ritual.
Manchmal kommt ihr die Idee, heute mal Brot zu backen.
Sie hat ein einfaches Rezept. Nimmt Dinkelmehl, Wasser und Hefe.
Knetet den Teig. Lässt ihn gehen. Knetet ihn noch mal.
Bringt ihn in Form und tut ihn dann in den Ofen.
Genießt den Geruch, der allmählich ihre Küche füllt.
Ihre alte Mutter juchzt jedes Mal, so sehr liebt sie diesen Duft.
Wenn es fertig gebacken ist, freut sie sich.
„Und dann stelle ich mir vor, wie Gott sprach: ‚Es werde Brot!'
Und Familie Mensch pflanzte Getreide. Betete um Sonne und Regen.
Brachte die Ernte ein. Drosch das Korn. Mahlte das Mehl.
Knetete den Teig. Machte Feuer. Und es wurde Brot."
Sie teilt das Brot beim Abendessen in familiärer Runde.
Sie spricht einen jüdischen Brotsegen:
„Gepriesen seist du, Ewiger, unser Gott; du regierst die Welt.
Du lässt die Erde Brot hervorbringen."
Sie genießt den Geschmack. Mit Olivenöl, Salz und einem Glas Wein.
Es ist ein einfaches Essen.
„Und dann stelle ich mir vor, wie Jesus sprach: ‚Nehmt und esst' (Matthäusevangelium 26,26).
Und wie seine Vertrauten das Brot nahmen und von seiner Kraft lebten."
Und der das Brot teilte, sitzt auf einmal mit am Tisch.

20. SEPTEMBER: WELTKINDERTAG

Kleiner Grundsatz – Überraschung

Ich habe Rituale eingeübt.
Meiner Seele vertraut gemacht.
Ich will nicht auf sie verzichten.
Das andere aber ist dem gleich:
Gott ist überall zu entdecken.
Nicht nur in den vorgesehenen Zeiten, geplant.
Sondern überraschend. Wenn ich nicht damit rechne.
Und beides ist ein Glück.

OKTOBER – HERBST

ERNTEDANK

Heute will ich danken.
Das heißt, ich werde dem Leben
eine Menge Liebeserklärungen machen.
Den ganzen Tag lang mich bedanken.
Für das Selbstverständliche.
Wasser. Seife. Äpfel. Waschmaschine.
Und das Außergewöhnliche.
Den ganzen Tag lang mich verneigen.
Vor der Fülle des Lebens.
Ich werde laut singen:
„Alle gute Gabe kommt her von Gott, dem Herrn, drum dankt."*
Den ganzen Tag lang staunen.
Und andächtig das Leben bewundern.

Vielleicht schreibst du in diesen Tagen einmal auf, wofür du dankbar bist.
Machst ein Experiment mit dir selbst, wie viel dir wohl einfällt.
Und erlebst dabei, wie dein Herz glücklich wird.

*Matthias Claudius

17. OKTOBER: WELTTAG ZUR ÜBERWINDUNG VON ARMUT

Geschenke machen

Ein Kollege erzählte mir von einem Urlaubserlebnis vor einigen Jahren.
Er war in Süd-Frankreich unterwegs mit einem Campingbus.
Um an die Küste zu kommen, nutzte er immer wieder auch die Autobahn.
Die sind gebührenpflichtig. Ein Gedanke, an den er sich damals erst gewöhnen musste.
Er musste also immer wieder anhalten, um Maut zu zahlen.
Er las das Schild „Péage“, kam an die nächste Station, griff nach dem Portemonnaie.
Aber an diesem Morgen sagte der Mann hinter dem Schalter:
„Freie Fahrt. Der vor Ihnen hat schon für Sie mitbezahlt.“
Er war überrascht. Das war ja was?! Wie nett. Wie lieb! Er musste lachen.
Und dann? Dann sagte er: „Wissen Sie was. Ich zahle trotzdem.
Geben Sie es weiter an den Wagen, der nach mir kommt.“
Vielleicht war man im nächsten Wagen froh und hat es angenommen.
Vielleicht hat man es aber auch wieder weitergegeben?!

In meiner Vorstellung entstand eine lange Reihe aus Fahrerinnen und Fahrern,
die alle kurz lachen mussten („Wie nett! Wie lieb!“)
und dann weiterschenkten, was sie selber bekommen hatten.
Überlege, wem du in diesen Tagen etwas schenken könntest.
Eine ausgewählte Kleinigkeit.
Zum Geburtstag oder einfach so, zwischendurch.

24. Oktober: Tag der Vereinten Nationen

Zeit der Veränderung, Gebet im Herbst

In der Zeit, in der es mehr Abschiede gibt.
Wenn der lang gewohnte Rhythmus geht.
Die Regelblutung ausbleibt. Der Körper Pause erlebt.
In Wechseljahren. In allen Umbrüchen.
Wenn ich Gewohnheiten und Menschen loslassen muss.
Wenn ich spüre, dass ich älter werde.
Würdige ich, was bleibt.
Ich koche ein einfaches Essen nach altem Rezept.
Ich verarbeite die Früchte des Herbstes.
Ich schmore Pastinaken. Koche Kürbissuppe.
Bereite eine große Schüssel Kartoffelsalat zu.
Ich lade eine Runde aus Freundinnen und Freunden ein.
Ich will den Herbst des Lebens teilen mit vielen.
Ich lasse los, was gehen muss. Und würdige, was bleibt.

31. Oktober: Reformationstag

NOVEMBER

1. NOVEMBER: ALLERHEILIGEN

Dazugehören

Im Deutschen hat der Begriff „gehören" mehrere Bedeutungen:
I) jemandes Besitz zu sein, aber auch II) Teil eines Ganzen zu sein, zu etwas zu zählen sowie
III) „gehören" als an einer bestimmten Stelle passend zu sein und
IV) für etwas erforderlich zu sein.*

Manchmal fühle ich mich fremd.
In meinem Glauben.
Die Rituale sind mir leer geworden, die Worte sagen mir nichts.
Einiges wird nie wieder zu mir passen.
Ich bin dieser Tradition nicht wichtig und sie ist mir nicht wichtig.
Manchmal fühle ich mich nicht erwünscht.
In meinem eigenen Zuhause.
Die Räume wirken unwohnlich, ich meine, ich gehöre nicht dazu.
Manchmal fühle ich mich unwohl in meinem Leben.
Wie eine Außenseiterin. Ich werde ungemütlich.
Manchmal will ich ausziehen aus dieser Zeit und Welt.
Bin nicht zugehörig, nicht angehörig.
Dir bin ich nicht fremd, mein Gott.
Ich höre für mich: „Willkommen!"
Es ist ein göttliches Flüstern. Die Stimme der Güte.
Dein liebevoller Blick ändert meinen Blick.

* Carolin Emcke, Dankesrede Friedenspreis des Deutschen Buchhandels

Ich nicke vertrauensvoll in Gottes Richtung.
„Du bist geliebt, einfach weil du da bist. Alles gehört zusammen."
Ich stimme zu, stimme ein, will es selber sagen:
„Willkommen!"
Was auch immer du glaubst.
Wo auch immer du dich befindest auf deiner Lebensreise.
Wen auch immer du liebst.
Deine Angehörige zu sein, deine Tochter und Priesterin –
bringt mich zurück zu mir.
Ich kann wieder eine Schwester sein.
Für meine Erzählgemeinschaft und für Familie Mensch.

BUß-UND BETTAG

9. NOVEMBER: GEDENKEN AN DIE POGROME

RETTUNG

Ein Überlebender der Shoa. Aus Ungarn. John Jochanan Hirsch erzählt.
Er war sieben Jahre alt, als seine Familie realisierte,
dass sie bald ihr Zuhause verlassen müsste, plötzlich und schnell.
Jochanan wurde gesagt, es solle packen. So viel, wie in einen Schuhkarton passt.
Nachmittage, Abende verbrachte er ab jetzt damit, zu packen.
Alle seine Schätze. Seine Bücher. Er leerte seine Taschen. Schubladen.
Jochanan hatte schließlich gepackt.

Genauer gesagt, hatte er zwei Schuhkartons vollgepackt.
In dem einen waren lauter nützliche Dinge.
Taschentuch, Unterhose, Taschenmesser, Kerzen, Streichhölzer.
In dem anderen waren „unnütze" Dinge:
der Gebetsschal seines Opas, ein Gedichtband, ein paar Zeichnungen,
Postkarten, Fotos, ein paar Steine; lauter Dinge mit Geschichte, Erinnerungen.
Und dann kam der Tag. Er kam aus der Schule.
In seiner Straße brannten schon einige Häuser.
„Beeil dich! Renn!", rief sein Vater.
Und er rannte in sein Zimmer und griff nach einem Schuhkarton.
Griff nach dem mit den nützlichen Dingen.
Und wusste, dass er gerade seine Kindheit zurückließ.
Und die Tränen liefen.
Als er endlich abends alleine für sich war, in einer Ecke,
machte er den Karton auf.
Zu seiner Überraschung war es doch der mit den unnützen Dingen.
Und er freute sich wie noch nie vorher in seinem Leben.

Ich lasse mich berühren vom Abschiednehmen.
Wer fliehen muss, lässt so viel zurück.
Oder wer in ein Altenheim zieht.
Ich überlege, was ich in einen Schuhkarton packen würde.
Und verbinde mich mit allen Flüchtlingen.

Bunte Blätter

Im November sammeln wir bunte Blätter.
Legen sie in dicke Wälzer, um sie zu trocknen und zu plätten.
Der Herbst ist da, der Sommer wirklich vorbei.
Advent und Winter noch nicht angekommen.
Wir sammeln Ahorn, Felsenbirne, Kastanie, Ginkgo.
Orange, Goldgelb, Feuerrot, Violett, Pink.
Es wird dunkler. Es wird kälter.
Bald wird es auch für viele wieder stressiger.
Wir sammeln Blätter. Basteln. Beten mit ihnen.
Dass wir im Herbst Orte finden, wo wir nicht kälter werden und dunkler.
Sondern wo unsere Herzen bunter werden.

Malen

Ausmalbücher sind zurzeit angesagt.
Vorgezeichnete Bilder mit Lieblingsfarben auszumalen,
fördert Konzentration und Kreativität und lässt zur Ruhe kommen.
Die universalen Formen der Mandalas dienen seit Jahrhunderten als Ritual.
Nimm deine Buntstifte zur Hand. Oder die Wasserfarben. Dazu weißes Papier.
Und male. Such dir deine Farben. Deine Linien.
Mal vom Rand des Blattes hin zur Mitte. Mal dich zur Quelle.
Hör dabei deinen Herzschlag. Und male in deinem Rhythmus.

25. NOVEMBER: INTERNATIONALER TAG ZUR BESEITUNG VON GEWALT GEGEN FRAUEN

Salbung

An diesem Tag nehme ich mir Zeit für meinen Körper.
Dusche oder bade. Seife mich ein. Creme mich mit Lotion ein.
Verwöhne die Haut. Berühre Falten. Narben.
Lege in aller Ruhe Rouge auf und Lippenstift.
Ich lasse mich erinnern: Ich bin gesalbt.

Rund um die Welt treffen sich Frauen in Zirkeln, Gruppen.
Sie singen, protestieren, beten, marschieren, halten sich an den Händen.
Sie feiern ihre Freundinnenschaft.
Einige kennen das Ritual der Salbung.
Sie stehen in Kreisen, größer oder kleiner.
Schenken sich Ansehen.
Schalen mit duftendem Öl werden weitergereicht.
Jede Frau salbt andere und lässt sich salben.
Die Handmitte. Die Stirn. Die Schultern. Die Lippen.
Den schwangeren Bauch. Die Halskuhle. Die Füße.
Dabei rufen sie aus, mit wem sie sich verbunden wissen:
Frauen, die gerade ein Kind zur Welt bringen.
Alle Schwangeren.
Frauen, die menstruieren. Frauen in der Menopause.
Frauen, die Fehlgeburten haben. Unfruchtbar sind.
Deren Gebärmutter entfernt wurde.
Frauen, die vergewaltigt wurden. Missbraucht. Geschlagen.
Die wegen einer Krebserkrankung behandelt werden.
Mütter. Frisch Verliebte. Witwen. Geschiedene.
Frauen, die gerade Abschied nehmen.

An diesem Tag nehme ich mir Zeit für meinen Körper.
Verbinde mich mit allen Frauen weltweit.
Ich lasse mich erinnern: Wir sind gesalbt.

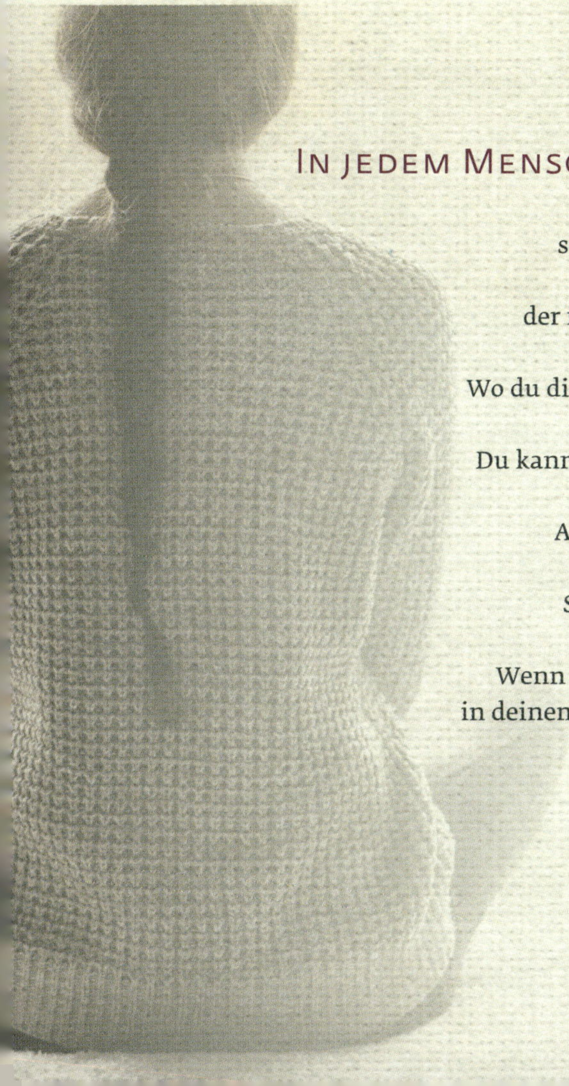

In jedem Menschen gibt es einen heiligen Raum

Wie im Apfel ein Gehäuse,
so ist in jeder Person ein Raum,
der ihren Kern umgibt,
der ihr Wesen, ihre Identität schützt.
Ein Allerheiligstes.
Wo du die Wahrheit von Gnade und purer Liebe
erinnern kannst.
Du kannst den heiligen Raum betreten. Jetzt.
Setze dich aufrecht.
Atme bewusst. Öffne dein Herz.
Freue dich am Licht.
Spüre die Wärme der Gnade ...

Wenn du betest, geh in dein Kämmerlein,
in deinen innersten Raum, wo du für dich bist.*

*nach Matthäus 6,6

Die betenden Donnerstagskinder

In Yangon in Birma bin ich zur größten Pagode der Welt gepilgert.
Eine Art Denkmal, ein Tempel, ein Heiligtum. 99 Meter hoch.
Ganzflächig mit Blattgold belegt.
Ich kletterte die Unmengen an Stufen hoch.
Das viele Gold blendete die Augen wie Schnee beim Skifahren.
Ich wusste: Ich bin ein Gast.
Ganz offensichtlich keine Einheimische.
Die Tempelanlage war sehr beeindruckend.
Und rundum in Wochentage eingeteilt:
Sunday, Monday, Friday …
Denn im Buddhismus wird geordnet nach persönlichen Geburts-Tagen meditiert.
Ich war neugierig, die Pagode hatte Free WiFi, sah nach und entdeckte:
Ich wurde an einem Donnerstag geboren.
Mein Mann Ben, der bei mir war, auch.
Wir knieten uns also
in die sogenannte „Thursday-Corner", die Donnerstags-Ecke.
Umgeben von Gold und Weihrauch,
erreichte uns der Klang vom Gong, Gesänge und Gebete.
Ich wurde still. Habe gebetet.
Um uns herum knieten andere.
Alles Donnerstags-Kinder.
Ich dachte: Wir kennen einander nicht.
Ich weiß keinen einzigen Namen.
Ich sehe die Unterschiede.
Ich sehe anders aus als die meisten hier.
Aber in diesem Moment sind wir eine betende Gemeinschaft.
Ich erlebte: Wir haben etwas gemeinsam.
Auf wunderbare Weise verbindet uns viel.

Neue Rituale erobern

Die Gnade hat das Zeug zur Anarchie.
Denn sie bezweifelt für uns alle Mächte und Gewalten,
die sich als wichtig aufspielen und angeblich lebensnotwendig.
Sie weckt unsere Skepsis gegenüber allen,
die versprechen, uns zu retten:
Menschen, Methoden, Gruppen.
Die Gnade schenkt uns den Zweifel gegenüber allen Größen,
die Gottes Güte ersetzen oder ergänzen wollen.
Sie ist daher herrschaftskritisch. Un-gesetzlich.
Von krimineller Kühnheit.

Der Talmud erzählt zum Beispiel, dass Michal
Gebetsriemen anlegte, Tefillin, obwohl das eigentlich Männern vorbehalten war.
Bis heute wird diskutiert, warum ihr das möglich war.
Ob ihr Status ihr diese Kühnheit verlieh.
Ob es der Mut der Verzweiflung war.
Oder das Wissen um das ihr eigene Priesterinsein.
Sie hinterlässt uns allen ein Erbe:
bereit zu sein, das Verhalten von Mächtigen zu hinterfragen.
Ihre Privilegien, die Symbole ihrer Macht.
Und die Rituale, die sie allein für sich beanspruchen.
Sie erinnert uns: Wir sind Prophetinnen. Priesterinnen. Poetinnen.
Nachbarinnen. Närrinnen. Gärtnerinnen. Königinnen, Mütter.
Heilerinnen, Hebammen und Schwestern.

Ich wünsche uns Michals Kühnheit!

ABEND

Breit aus die Flügel beide

Breit aus die Flügel beide*,
die Fittiche der Freude,
die Schwingen deiner Macht.
Die Träume aller Zeiten wirst du mit uns begleiten,
bis uns dein neuer Morgen lacht.

Breit aus die Flügel beide,
die Welt in Frieden kleide,
rundum dein Himmelszelt.
Die Taten und den Willen zum Guten wirst du stillen
mit Leben, das dir wohlgefällt.

Breit aus die Flügel beide,
du Freund in allem Leide, in Glück und Lebenskraft,
im Hoffen und im Sorgen – wir sind in dir geborgen,
du Schöpfer, der den Segen schafft.

*erste Zeile jeder Strophe: Paul Gerhardt

23 Uhr 55 – Abendgebet im Deutschlandfunk

Ich habe so eine kleine Angewohnheit.
Nicht jeden Abend, aber fast, höre ich um 23 Uhr 55 Uhr Radio.
Da wird im Deutschlandfunk immer (immer!)
die deutsche Nationalhymne gespielt und dann die Europahymne.
Ich höre die so gerne.
Zuerst denke ich, ehrlich gesagt, immer an Fußball.
Dass wir Weltmeister sind.
An Berlin und dann immer auch schnell an Indien. Soweto und Sarajevo.
Und dann, bei der zweiten Hymne,
„Freude, schöner Götterfunke, Tochter …“, denke ich an Europa.
Ich denke an 70 Jahre Frieden. An Brüssel und an Paris.
Und dass da keine Erzfeinde wohnen.
Ich denke an den Kniefall von Warschau,
diese Demutsgeste von Willy Brandt.
An Helmut Kohl und Frankreichs Präsident François Mitterrand,
die in Verdun standen, Hand in Hand,
eine ganze Marseillaise lang.
An Johannes Rau, der 55 Jahre nach dem Holocaust
in der Knesset sprechen durfte.
Ich denke an Europa als Geschichten der Versöhnung.
Geschichten, die Reisepässe in die Freiheit sind.
Und ich danke.
Ja, immer, wenn ich um 23 Uhr 55 diese beiden Melodien höre,
denke ich ganz glücklich: Danke!
Und ganz aufgewühlt, alarmiert denke ich: Es ist fünf vor zwölf!
Und dann bete ich. Noch so eine kleine Angewohnheit von mir.
Mein Herz betet für dich, Europa.

WINTER

10. DEZEMBER: TAG DER MENSCHENRECHTE IN OSLO WERDEN NOBELPREISE ÜBERREICHT

Ein Licht-Ritual im Winter

Die Tage sind kurz. Die Sonne ist blasser.
Das Licht geht immer so schnell. Ich sitze in der Dunkelheit.
Lasse die Stille, das Schwarz, die Schatten auf mich wirken.
An diesem Winterabend hinterfrage ich heute einmal meine Privilegien.
Als Weiße. Europäerin. Akademikerin. Heterosexuelle. Christin.
Als eine, die oft zur Mehrheit gehört.
Ich zünde ein erstes Teelicht oder eine Kerze an.
Und denke dabei an eine Person, die eine andere Hautfarbe hat als ich.
Unsere Lehrerinnen und Lehrer mögen alle Hautfarben haben.
Ich zünde ein zweites Teelicht an.
Und denke dabei an eine Person, die einsam ist.
Schenke uns allen die Erfahrung, gewollt zu sein und geliebt.
Ich zünde ein drittes Teelicht an.
Und habe das Gesicht einer Person vor Augen, die obdachlos ist.
Das Licht aller, die Kindern beibringen, was Gerechtigkeit ist, möge strahlen.
Ich zünde noch ein Licht an.
Und denke an eine Person, die eine andere Religion hat als ich.
Mögen wir in Frieden leben mit verschiedensten Menschen.
Ich zünde noch ein Licht an.
Und denke dabei an eine Person, die aus ihrer Heimat fliehen musste.

Unsere Lehrerinnen und Lehrer mögen aus aller Welt kommen.
Und wir selber gerne zu Hause an verschiedenen Orten in der Welt.
Ich denke an Frauen, Männer, Transmenschen, Homosexuelle, Mädchen, Jungen.
Das Licht Gottes möge allen Kindern von Familie Mensch leuchten.
Ich zünde die Kerzen auf einem Leuchter an.
Das Licht aller, die lieben, möge strahlen.
Mögen wir mehr sehen als Privilegien und Klischees
und selber auch ohne Vorbehalte angesehen werden.
Der Raum ist heller geworden.

Vögel füttern

Und dann gehe ich, um die Enten zu füttern.
Oder bringe Futter in das alte Vogelhäuschen im Garten.
Denke an die Weisheit der Zugvögel.
Die wissen, wann die Zeit gekommen ist.
Die ihren Weg in die Wärme finden und wieder zurück.
Segen für die Kraniche. Die Blaumeisen und Gimpel.
Segen für unsere Intuition, unsere Seele, den Funken in uns.
Der uns verbindet mit dem Rhythmus des Lebens.
Dem zutiefst göttlichen, zutiefst menschlichen Rhythmus.

18. Dezember: Internationaler Tag der Migranten

Gebet um Weite

Bitte! Weite mein Herz.
In diesen Wochen feiern wir Sankt Martin.
Geboren in Ungarn, aufgewachsen in Italien, gestorben in Frankreich.
Ein Soldat, der seinen mit Schaffell gefütterten Reitmantel teilte
mit einem armen, frierenden Mann.
Den heiligen Nikolaus, ein türkischer Bischof,
bekannt für viele Wunder der Liebe.
Wir feiern Jesus, einen Wanderprediger, Jude aus Palästina.
Geboren im besetzten Gebiet, Messias des Friedens.
Dazu ein paar jüdische Hirtinnen und Hirten. Die Kleinen ihrer Zeit.
Und arabische Sterndeuter, Perser, drei magisch angezogene Früh-Esoteriker.
Vielleicht aus Babylon, heute Irak, nahe Bagdad, aus dem Jemen
oder Armenien, dem Bergland zwischen Aserbaidschan, Iran und Türkei.
Weite mein Herz.
Halte mich irrtumsfähig, neugierig und respektvoll.
Lass mich lernen und verlernen, was nötig ist.
Weite mein Herz.
Dass ich meine Grenzen sehe, aber nicht verteidige.
Dass die Türen offen stehen und ich mich verschenken kann.
Bitte! Weite mein Herz.

Die Sippe segnen

Dieses Segensgebet sprichst du am besten vor einem kahlen Baum.
Lehn dich an den Stamm. Guck hoch in die Krone.
Jetzt tragen die Bäume keine Blätter.
So können wir die Äste besser sehen.
Jeder Ast ist anders in seiner Schönheit.
Alle wachsen aus einem Stamm.
Nimm dir Zeit, den Stamm zu würdigen und die Äste.
In Vorfreude auf Blätter und Früchte.
Segne jede Schwester, jeden Bruder.
Die Verwandten, Tante, Onkel, Schwägerin, Cousine.
Die Jüngeren, Neffe, Nichte, Enkelkinder.
Den Familienstamm. Vielleicht umarmst du ihn.
Guck dir die Wurzeln an.
Segne deine Herkunft und Geschichte. Dein Erbe.
Such einen Ast aus, der dich repräsentiert.
Schicke ihm Freude. Bedanke dich bei dem Baum.
Und beim Himmel über ihm.

Den Jahres-Soundtrack zusammenstellen

Von einem Freund habe ich dieses Ritual gelernt:
Er stellt zum Jahresende seinen „Soundtrack des Jahres“ zusammen
und verschenkt diesen Mix an seine Liebsten.
Die Playliste meines Lebens, eine Momentaufnahme aus Musik.
Ich denke an ein „Walk on!“-Jahr. Mein Ohrwurm trug mich jeden Tag weiter.
Ich verbinde Bachkantaten mit U2 und der „Ode to Malala“.
Freddy-Sahin Scholl mit Achinoam Nini und „Last Unicorn“.
Adel Tawils „Ist da jemand“ gehört zurzeit dazu und ein altes „Caravan of love“.
Tanita Tikaram darf nicht fehlen. Wie Marla Glen. Neneh Cherry.
Manchmal brauche ich nur das Cello von Gavriel Lipkind.
Den feinen Chorgesang von John Rutter.
Oder die Stimme von Cher. Nena. Tina Turner. Lenny Kravitz. James Taylor. Sting.
Sammle deine Lebenslieder.
Hol dir dein „Befiehl du deine Wege“ und dein „I will survive“ …
Deine Hits. Die Texte und Melodien dieses Jahres.

Ewigkeitssonntag: Zeit für unsere Toten

Der letzte Sonntag des Kirchenjahres.
In einer Woche, mit dem 1. Advent, beginnt das neue.
(Und auch dieses Buch beginnt von vorne ...)
Die christliche Erzählgemeinschaft begeht nicht einen „Totensonntag".
Sondern feiert den „Ewigkeits-Sonntag".
Wir denken an unsere Toten.
Besuchen ein Grab. Bringen Blumen mit.
Manche trauern ganz aktuell.
Für manche ist der Tod ständig präsent.
Mischt sich immer in Gedanken ein.
Den meisten macht er Angst, der Unbekannte.
Auch das Unabgeschlossene kann uns bedrängen.
Das, was wir nicht mehr sagen, nicht ungeschehen machen können.
Aber der Gedanke an den Tod kann auch Achtsamkeit bewirken.
Wertschätzig machen für das Glück, zu leben.
Andere fühlen sich verschont.
Einige bangen gerade um einen Todkranken.
Weinen um ein ungeborenes Kind oder einen ungelebten Traum.
Viele denken an die namenlosen Toten,
Ertrunkene, Getötete der Kriege dieser Erde, Verhungerte.
Andere erinnern die bekannten Verstorbenen,
die wir nicht persönlich kennen, aber trotzdem vermissen können.
Wieder einige sind nicht einmal wetterfühlig
und der November ist für sie nicht anders als der April.

Wir stimmen unser Herz ein auf die Ewigkeit.
Wir sagen, bei aller Trauer, in allen Abschieden:
Es gibt einen Ort für unsere Toten.
Zuerst unsere Erinnerung. Unsere Erzählungen.
Wir sagen: Wir sprechen von euch, unsere Toten.
Wir sagen: Ihr fehlt uns.

Und dann noch mehr:
Wir vertrauen, unsere Toten sind geborgen.
Es gibt einen ewigen Ort für sie; in Gott selbst, in Gottes neuer Welt.
Und es gibt ein Wiedersehen.
Jeder Lebensfaden, der abgeschnitten wurde,
bleibt eingewoben in den großen Teppich des Lebens.
In Gottes Herz sind alle Lebensgeschichten bewahrt.
Befreit von allem, was wehgetan hat.

In den Erschütterungen und Chaosängsten aller Zeiten
gab es immer auch das Vertrauen,
dass Gott ein Gott ist für die Lebenden und die Verstorbenen.
Und die Hoffnung, dass wir alle leben werden
und uns wiedersehen in Gottes neuer Welt.

Beerdigungskaffeetrinken

Angesichts des Todes zu essen, ist eine alte Tradition.
Manchem ist sie heute fremd.
Ja, der Leichenschmaus erscheint nahezu unangemessen.
Aber hinter dem Ritual steckt ein großes Versprechen:
Die Bibel weiß vom großen Festmahl.
In der neuen Welt Gottes werden wir alle miteinander feiern, essen und trinken.
So werden Butterkuchen, Brötchen und Kaffee zu einem kleinen Zeichen,
einem Vorgeschmack auf ein ewig gutes Festessen.
Und unser Zusammensein nach einer Beerdigung
eine leise Ahnung von der Gemeinschaft mit Gott und allen geliebten Menschen.

Rituale verbinden

Rituale trösten uns. Ordnen uns.
Sie geben dem Alltag Struktur, dem Jahr, dem Lebensweg.
Auf der Schwelle ins Neue, in der Unsicherheit, begleiten sie uns mit ihrem Segen.
Die Hochzeit. Die Taufe. Eine Vereidigung, eine neue Aufgabe.
Der Einzug in eine neue Wohnung.
Der Abschied, die Beerdigung.
Sie wandeln uns. Mit der Wirkmacht ihrer gesammelten Weisheit.
Sie verbinden uns.
Und wir verbinden unsere Ja-Worte
mit größeren, älteren Worten, die über uns hinausreichen.
Rituale sind oft sinnlich.
Ihre Symbole einsichtig. Der Ring. Kerzen. Die Asche.
Rituale geben Halt. Einen Rahmen.
Wenn Gefühle uns überwältigen wollen, wissen sie von einer anderen Macht.
Ermöglichen und begleiten den Übergang.
Sie können Zugehörigkeit.
Die Hymne vor dem Fußballspiel.
Wir verständigen uns. Vergewissern uns unserer Werte.
Sie feiern mit uns. Und wollen niemals alles sein.
Denn ihre Quelle ist Gott selbst.
Souverän. Liebevoll. Wild. Voller Lebensfreude und Passion. Überraschend.
Für uns da.

Für alles gibt es eine Zeit*

Mit dem Mond teilen wir den Monat ein.
Mit der Sonne das Jahr.
Mit Gott unser Leben.
Wir benennen Tage und Zeiten, Geburtstage, Jahreszeiten.
Verbinden mit ihnen Gerüche, Farben, Geräusche, Lieder, je eigenen Segen.
Leben mit dem Rhythmus der Natur.
Pflanzen und essen mit der Saison.
Wir feiern die heiligen Pausen in den Kalendern.

*Kohelet 3,1

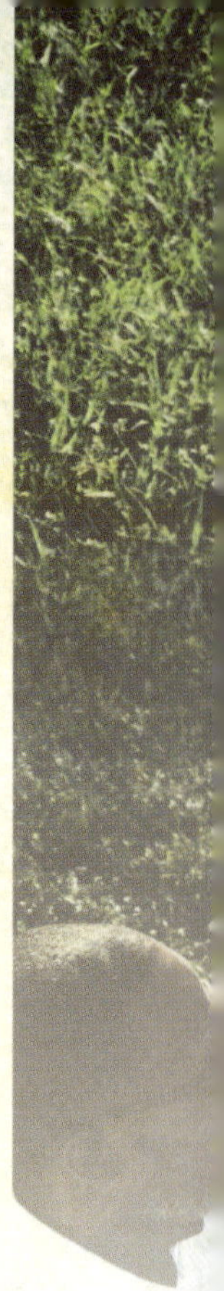

„Viel Freude mit diesem Buch!", wünsche ich.

Mein Gebet ist, dass die Rituale helfen, dem Leben Halt, Tiefe und Weite zu geben.
Das Buch folgt dem Kirchenjahr, dem natürlichen Jahr und dem Tagesablauf.
Es beginnt im Advent, am Sonntag, am Morgen und endet am Abend, im Winter.
Es beansprucht natürlich keine Vollständigkeit.
Manches habe ich in anderen Büchern ausführlicher beschrieben:
Tischgebete. Gedenktage. Das Gebet im heiligen Raum.
Der Kalender, unsere Erzählgemeinschaft und auch andere Traditionen
gäben noch so viele andere Ideen her.
Das Buch mag anregen, eigene Rituale zu entwickeln.
Sich alte, verlorene zurückzuerobern, neue zu erschaffen.
Viel Freude auch dabei!
Ich dachte beim Schreiben manches Mal an Liz aus „Eat. Pray. Love".
An die Badezimmer-Gebete, die sich durch ihre ganze Erzählung ziehen.
Immer wieder kniet sie abends im Bad und betet.
Ich hatte eine lange Reihe von Leserinnen vor Augen.
Wir alle auf unserer Badezimmermatte. Nebeneinander.
Mit Schmunzeln. Flüstern. Lauschen. Weinen. Atmen. Juchzen. Sinnen.
Ich freue mich über Nachrichten, Fragen, Anregungen und Erfahrungen.
Auf einen Besuch auf meiner Homepage (christinabrudereck.de).
„Chuzpe & Shalom!", wünsche ich. Kühnheit und Frieden, diese beiden Kräfte.

Christina Brudereck

Umschlagfoto: AlexTanya/Shutterstock.com, Illustration: Camillea/Shutterstock.com

Fotos: Shutterstock.com: S.7 Yuriy Vahlenko/ S.8-9, S.31, S.74 Nagib/ S.11 zhangyang/ S.13 jessicahyde/ S.14 Rachata Sinthopachakul/ S.15 Redchanka/ S.16 Milles Studio/ S.17 Yongyut Kumsri/ S.20 Skreidzeleu/ S.21 patthamapong/ S.22-23 Anna Aibetova/ S.23 Microgen/ S.24, S107 Thoom/ S.25 Stanislaw Mikulski/ S.26-27 Nattika/ S.28-29 Number1411/ S.35 Kiselev Andrey Valerevich/ 38-39 pp1/ S.40-41 Africa Studio/ S.42 Anna Bogush/ S.44 Adcharin Chitthammachuk/ S.45 tomertu/ 46-47 In Art/ S.51 Lost Mountain Studio/ S.53 NadyaEugene/ S.54 wk1003mike/ S.55 VanReeel/ S.57 iofoto/ S.59 Robyn Mackenzie/ S.60-61 Joe Thongsan/ S.62 gorgeoussab/ S.65 AnemStyle/ S.66 Lesterman/ S.67 501room/ S.69 Anna Jurkovska/ S.71 Katarzyna Mikolajczyk/ S.72 Simfalex/ S.73 Dmetalfinch/ S.74 Robert Przybysz/ S.75 LeksusTuss/ S.76-77, S.57 Suzanne Tucker / S.78-79 getideaka/ S.79 Kanate/ S.81 Hrecheniuk Oleksii/ S.82 Yulia Grigoryeva/ S.85 iravgustin/ S.87 Alena Ozerova/ S.91 Laviart/ S.93 NinaMalyna/ S.94-95 ESB Professional/ S.96-97 Ioana Catalina E/ S.99 anich/ S.100-101 Alicia G. Monedero/ S.102, 109 Rawpixel.com

Hintergründe: Shutterstock.com: S.2-7, S.12, S.26-27, S.30, S.34-35, S.36-37, S.43, S.46-49, S.58, S.63, S.90-91, S.94-95, S.100-103, S.106-111 Nagib/ S.10-11, S.32-33, S.50-51, S.68-69, S.83-85 ilolab, Goldstreifen: Color Symphony/ S.16-17, 24-25, S.52-56, 86-87, S.96-97, S.104-105 Piotr Zajc/ S.18-19 Supertrooper/ Grünstreifen 48-49 Alina G/ S.64-65 Here/ S.66-67, S.72-73, S.98-99 Supergear Studio/ S.70 Angelina Babii/ S.80-81,S.92-93 Ape Man/ S.53 Donna Wells

Illustrative Elemente: Pavel L/Shutterstock.com